まかちょーけ

興南　甲子園春夏連覇のその後

松永多佳倫

集英社文庫

目次

本書は、集英社文庫のために書き下ろされた作品です。
本文デザイン　斉藤啓（ブッダプロダクションズ）
本文写真　共同通信
松永多佳倫
JASRAC出　2005623-001

まかちょーけ　興南　甲子園春夏連覇のその後

まえがき

二〇一〇年の夏
あの熱狂を忘れようと思っても忘れられんわけさ
みんな興奮しながらモニターに釘付《くぎづ》けになったさね
だっからよ
でーじ楽しみで仕方がなかったたば
ヤーが、どこまでの高みに到達していくのかと

沖縄県民一四〇万人の声だ。

ヤーとは〝おまえ〟の意味で、ここではエース島袋《しまぶくろ》洋奨《ようすけ》を指す。

ただでさえ高校野球熱が高い沖縄県民にとって、二〇一〇年の春と夏はその中でも特別であり、格別であった。春の甲子園優勝は一九九九年の沖縄尚学高校に続いて二度目ということで県民も多少慣れていたが、夏の甲子園優勝はいまだかつて一度もなかった。

ましてや春夏連覇となれば、当時史上六校目の快挙だ。

興南《こうなん》高校が夏の県代表に決まってから、那覇《なは》市内の居酒屋では結果予想合戦が繰り広げられた。どこが優勝するのかではなく、興南と決勝で当たる高校とスコアを予想する。もちろん、スコアは興南が勝つという前提だ。

二〇一〇年の七月は毎日がフェスティバルで、八月の甲子園期間中は毎日がカーニバルと花火大会が開催されている感じで、沖縄県民が一喜一憂し、その度に島が揺れた。

あれから一〇年が経《た》った。

エース島袋洋奨が二〇一九年限りでソフトバンクホークスを引退した。プロ五年間で一軍登板はたったの2試合でプロ野球界を去った。甲子園であれだけ無双状態だった島袋が、プロでは何の功績も残さず静かに消え去ること自体が信じられなかった。どうしてそうなったのか。高校を卒業してからの島袋がどのように歩んでいったのかを自分の目で確かめたかった。だが、それだけではない。

巷《ちまた》でよくある「戦力外通告」の元プロ野球選手を追う物語を書きたかったわけではない。島袋洋奨という何年かにひとり出るか出ないかの沖縄の宝をなぜ光り輝かせることができなかったのか。これは絶対に本人だけのせいではない。周りの大人が介入している以上、彼らにも絶対に責任があると思っている。

長年、野球取材をしてきて、選手たちのいくつもの嘆きや悲しみに触れてきた。要因は多種多様であるけれど、小学校、中学校、高校、大学とアマチュア野球である以上、大人も何かしら介在し選手たちを不幸にさせてきたのは紛れもない事実だ。

野球に関わる大人の狡猾《こうかつ》さをずっと見てきた。指導者は選手を一流に育てれば自分の手柄、潰れれば本人のせいで知らんぷり。プロだけでなく、高校野球、大学野球でもそうだ。村社会なゆえにマスコミは何も報道することができない。では、何のためにマスメディアは存在しているんだと問いたい。煌《きら》びやかな世界に触れながらおまんまを食べることで、優越感を得たいだけなのか。

いつも顔色を見て忖度《そんたく》し、組織の長に取り入っている指導者やマスコミの姿を、選手たちはしっかりと見ている。一八歳の高校生はまだまだ子どものように思えるかもしれないが、それは大人たちの勝手な見方である。そこら辺の腐った大人より一八歳の選手たちのほうがよっぽど大人であり、純粋でまっすぐで崇高な考えを持っている。

春夏連覇という形で甲子園の頂点に立った興南の選手だからこそ、大人の汚い世界にも触れながらも自らの力で道を切り開き歩んでいった。だからと言って、決してひとりだけではなかった。両親、仲間、そして信じられる大人の力によって、彼らは脱皮し、今も成長を続けているのだ。

頭が良いとは、試験で点数をより多く取って偏差値を上げることではない。「機を見るに敏」を実践でき、常に目配り気配りできることが本当の意味で頭が良いと言うのではなかろうか。そういった意味でも、甲子園春夏連覇の興南の選手たちは頭が良いと大きな声で断言できる。

弱冠一八歳で一生に一度あるかないかの得難い経験をしたために大人にならざるを得なかった彼らが、本当の意味でどう血が通った大人になっていったのかを描きたかった。戦力外通告、文武両道、エリート、出自など、生き方は人それぞれだけれども、人間として大事なものはひとつだと思っている。

本書は、そんな大事なものを成長の過程で得ていった彼らの、逆境に耐えながら生きていく様を描いた作品である。

第一章

散った春夏連覇投手
島袋洋奨

島袋洋奨 しまぶくろ ようすけ

1992年10月生まれ。沖縄県宜野湾市出身。身長174㎝、体重76㎏、左投げ左打ち。2010年、興南高校3年時にエースとして史上6校目、沖縄県勢では初の甲子園春夏連覇を達成。進学した中央大学では通算12勝20敗。14年ドラフト5位でソフトバンクに入団し、ルーキーイヤーに一軍デビュー。その後は怪我もあって二軍、三軍生活が続き、17年のオフに支配下登録を解除され育成契約に。19年10月に戦力外通告を受け現役引退。

■興南高校時代　甲子園成績

2010年春		球数	イニング	被安打	奪三振	与四死球	失点	
	関西	124	9	10	14	0	1	
	智弁和歌山	137	9	10	11	4	2	
	帝京	136	9	5	7	5	0	
	大垣日大	94	7	2	6	1	0	
	日大三	198	12	8	11	5	5	
通算成績	**5試合**	**689**	**46**	**35**	**49**	**15**	**8**	**防御率1.17**

2010年夏		球数	イニング	被安打	奪三振	与四死球	失点	
	鳴門	116	7	5	7	3	0	
	明徳義塾	126	9	8	12	3	2	
	仙台育英	141	9	6	10	3	1	
	聖光学院	121	8	9	8	0	3	
	報徳学園	159	9	10	12	5	5	
	東海大相模	120	9	9	4	2	1	
通算成績	**6試合**	**783**	**51**	**47**	**53**	**16**	**12**	**防御率1.94**

■中央大学時代

	試合数	勝敗	イニング	被安打	奪三振	与四死球	失点	防御率
11年春	5	1勝3敗	36.1	24	40	8	10	0.99
11年秋	7	2勝4敗	38	28	34	11	16	3.08
12年春	3	3勝0敗	30	18	40	6	7	2.10
12年秋	7	1勝1敗	21	16	20	5	4	1.71
13年春	6	2勝3敗	41.2	31	35	12	9	1.94
13年秋	8	2勝6敗	49.2	40	33	25	19	3.44
14年春	6	0勝2敗	14.2	17	12	17	12	6.75
14年秋	5	1勝1敗	16.1	15	11	19	10	4.41
通算成績	**47**	**12勝20敗**	**247.2**	**189**	**225**	**103**	**87**	**2.73**

■ソフトバンク時代 *(2015年～2019年)*

2015年―試合数2、0勝0敗、投球回数2回、被安打1、奪三振2、与四球2、防御率0.00

なぜだかわからないが、傑出した才能が一堂に集まる世代はどの分野においても必ず存在している。

かつて「松坂世代」がプロ野球界を席巻《せっけん》していた時代があった。

松坂世代とは、一九九八年甲子園春夏連覇を果たした横浜高校のエース松坂大輔《だいすけ》（現西武）を筆頭に、同学年の藤川球児《きゅうじ》（現阪神）、和田毅《つよし》（現ソフトバンク）、久保裕也《ゆうや》（現楽天）、村田修一（元横浜）、杉内俊哉《すぎうちとしや》（元ソフトバンク）、森本稀哲《もりもとひちより》（元日本ハム）、東出輝裕《ひがしであきひろ》（元広島）など多士済々《たしせいせい》のライバルたちが高校時代からしのぎを削り、プロ野球界を長らく牽引《けんいん》していた世代を指す。

その松坂世代に勝るとも劣らないと言われているのが、「一九九二年（生まれ）世代」だ。山田哲人《てつと》（現ヤクルト）、千賀滉大《せんがこうだい》、甲斐拓也《かいたくや》（ともに現ソフトバンク）、山﨑康晃《やまさきやすあき》（現DeNA）、西川遥輝《はるき》（現日本ハム）、中﨑翔太《なかざきしょうた》（現広島）、源田壮亮《げんだそうすけ》（現西武）など各チームの主力が揃《そろ》う世代でもある。

しかし高校時代を振り返ると、その世代のリーディングプレーヤーは山田でもなければ千賀でもない。そう、二〇一〇年に甲子園春夏連覇を達成した興南高校のエース島袋洋奨が、紛れもなく先頭に立っていた。

「もう、これ以上成長できないと思ったので、野球を辞めました」

沖縄男児らしい精悍《せいかん》な顔つきとは裏腹に、優しくゆっくりとした口調で答える。

島袋洋奨、二七歳。

二〇一九年一〇月一日、ソフトバンクは島袋と来季の契約を結ばないとし、島袋の五年間のプロ生活にピリオドが打たれた。戦力外通告、つまりクビだ。独立リーグからのオファーもあったがそのすべてを断り、現役生活を終えた。

「プロ生活の終盤は、なんで野球がこんなに下手になっているのだろうと自問自答してました。今まで投げられていたのになんで投げられないのかという葛藤を抱えながら、ずっと野球をやってました。プロに入っても正直投げることに関して、なんか気持ち悪い感じが身体《からだ》のどこかにずっとありました」

まさか、あの島袋からこんな言葉を聞くことになるとは夢にも思わなかった。

高校卒業後すぐにプロに入っていたらどうなっていたのだろう。プロ野球ファンなら誰もが一度は思ったはずだ。

二〇一〇年春夏の甲子園では、島袋はまさに無双状態だった。

174センチの上半身を真後ろに捻《ひね》る〝琉球《りゅうきゅう》トルネード〟投法から繰り出すボールは綺麗《きれい》にスピンがかかり、アウトコースへとバシバシ決まる。

「足を上げた瞬間には、すでにボールの軌跡のイメージがしっかりできてました」

島袋は勝負どころではギアをさらに一段上げてストレートを投げ、空振りを取っていた。その象徴的なシーンが、二〇〇九年高校二年時の夏の沖縄県大会決勝戦対中部商業の3回裏。

中部商業の四番には、現在パ・リーグ二年連続ホームラン王の山川穂高《ほたか》（現西武）が座っていた。中部商業は五年ぶりの夏の甲子園出場を狙うにふさわしい重量打線で決勝まで勝ち進んできた。一方、興南はここまでの4試合で14得点、うち3試合が完封と完全に投手力で勝ってきたチーム。まさに好対照のチーム同士の決勝戦となった。熱気で溢《あふ》れかえる北谷《ちゃたん》球場のスタンドに集まった満員の観衆は、試合開始のサイレンが鳴るのを今か今かと待ち望んでいた。

興南の先発は三年生の石川清太《しょうた》。立ち上がりは上々だったが、3回裏に中部商業打線に捕まり、先制点を取られたところで二年生エース島袋に交代。無死満塁の大ピンチの中、島袋は獅子奮迅《ししふんじん》の投球を見せる。

先頭打者を外角低めの変化球で浅いライトフライ、次の左打者をクロスファイヤーからの外角ストレートで三振。これで2アウト満塁。そして四番の山川を迎える。

興南キャプテンのサード我如古盛次《がねこもりつぐ》の回想によると「守備についていて、山川さんの打球が速すぎて見えなかったです。マジでやばかったです」。山川は大器の片鱗《へんりん》を存分に見せていた。

明らかにストレートを待っている山川に対して、低めの変化球から入った。警戒しすぎて3ボール先行。もうボールを投げられない中で、島袋は真価を発揮する。

内角低めのツーシームでストライク。コントロールに絶対的な自信を持つ島袋は、満塁で3ボールであろうと動じない。徹底的に低めのストレートを投げ続ける。フルスイングする山川はファウルを連発し、その度に打席で吠《ほ》える。

そして、3ボール2ストライクとなった8球目。強烈な縦回転のスピンがかかった渾《こん》身《しん》のストレートが、外角低めいっぱいに美しすぎるほどの軌道を描く。

山川はバットをピクリとも動かせない。

「ストライクッ!」球場に響き渡る審判の声。

見逃し三振。あの山川がまったく手を出せなかったのだ。

ガッツポーズをすることもなく、平然とマウンドを小走りで降りる島袋の姿に、何か新しい時代の扉が開く瞬間を見た思いだった。

その後、高校三年になった島袋は甲子園で伝説を作った。

春5試合46イニング　投球数689　被安打35　奪三振49　与四死球15　失点8　防御率1・17
夏6試合51イニング　投球数783　被安打47　奪三振53　与四死球16　失点12　防

“琉球トルネード”と言われたフォームは、打者からボールの出所が見づらいばかりか、
球の伸びも他のピッチャーとは比べものにならないほど凄かった

御率1・94

ひとりで投げ抜き、史上六校目の甲子園春夏連覇という高校野球史に残る栄冠を手にした。しかし、その後あれほど眩《まばゆ》かった島袋の輝きは陽炎《かげろう》のように揺らめき、跡形もなく消えてしまった。

すべては大学時代に起きたある異変が、その後の島袋の野球人生を狂わせたのだった。

二〇一一年一月三一日、プロ野球春季キャンプに参加する大物ルーキーが沖縄県名護《なご》市に入るため、那覇空港はちょっとした騒ぎになった。〇六年早稲田《わせだ》実業のエースとして夏の甲子園で優勝し、早稲田大学では東京六大学野球史上六人目となる通算30勝300奪三振(31勝、323奪三振)を達成した大学野球界のスーパースター、斎藤佑樹《さいとうゆうき》が那覇空港に降り立った。それと入れ違うかのように島袋は東京へと旅立った。

中央大学に進学することが決まっていた島袋は、上京し八王子《はちおうじ》市の野球部寮に入寮した。荷物は段ボール二箱と布団のみ。新たなる世界へ挑戦するために、高校時代の栄光はすべて沖縄に置いてきた。

島袋は、三年生の西銘生悟《にしめせいご》と同部屋となった。西銘は沖縄尚学高校出身で〇八年センバッ甲子園優勝時のキャプテン。島袋があまり気を遣わないようにと配慮され、同郷の先輩と同部屋を用意されるなど、スーパールーキーは三顧の礼をもって迎えられる。

入寮翌日には早速練習に参加する。ブルペン入りを志願し、キャッチャーを座らせない立ち投げで34球を投げ込む。

「リリースポイントが安定し、投手として完成されている。フォームをイジる必要はないね」

当時の高橋善正《よしまさ》監督はこうコメントした。高橋は東映（現日本ハム）、巨人の投手として通算60勝を挙げ、その後四球団で計一二年間ピッチングコーチを務めた。中央大ではコーチ、監督として澤村拓一《さわむらひろかず》（現巨人）、美馬学《みまなぶ》（現ロッテ）、鍵谷陽平《かぎやようへい》（現巨人）を育てるなど、投手育成には定評があった。

入寮後の初めての宮崎キャンプでは、肩の軽い炎症もあってスローペースで調整を行った。三月二六日の中央学院大とのオープン戦では4回8奪三振でひとりのランナーも出さない完璧な投球、三〇日の法政大戦は7回3安打無失点。なんとかギリギリでリーグ戦に間に合った。2試合計11イニング無四球という抜群の安定ぶりを示す。

【大学一年春】

溢れる才能を持って生まれるとは、このことなのだろうか。

島袋は大学入学早々、いきなり快挙を達成する。

二〇一一年四月五日の東都大学春季リーグ開幕戦で、四八年ぶりに新人開幕投手に選ばれる。大学野球界のニュースター候補を一目見るために、神宮球場にはファンがどっと押し寄せた。

東都リーグは勝ち点制で、一回戦、二回戦と2試合に勝って初めて勝ち点1を与えられる。1勝1敗の場合は三回戦まで行われ、2勝した大学が勝ち点1を得るシステムだ。

甲子園のスター島袋は駒澤大一回戦に先発し、4回⅔、5安打4失点で降板。ほろ苦いデビューとなった。続く三回戦も先発するが、5回3安打3失点、二戦連続負け投手となる。

「とにかく走られまくりましたね。高校時代はいくらランナーに走られても最後は点を取られなければいいんでしょという感覚でやっていました。セットポジションだと二塁ランナーから握りが丸見えだったので、今のままだと抑えきれないと思った。それからフォームを気にするようになりました」

この二戦で8個の盗塁を許したことが、島袋にとってフォームを見直すきっかけとなった。その後、いいピッチングをしても中央大打線がなかなか点を取れず、4試合で0勝3敗。そして、五戦目でついに待望の初白星を挙げる。

五月一三日亜細亜《アジア》大二回戦。亜細亜のエース東浜巨《ひがしはまなお》（現ソフトバンク）は沖縄尚学出身で〇八年春の甲子園優勝投手だ。東浜と島袋の沖縄県出身者同士の〝甲子園優勝投手〟対決が実現した。この二人は、〇八年夏の沖縄県大会準決勝でも投げ合っている。

過去のプロ野球の名投手を見ても、大半が高校一年夏から伝説的な活躍をしている。島袋洋奨という名を世間に知らしめたのも高校一年夏。この時点で、スターになる条件をひとつクリアしていたことになる。
〇八年夏の沖縄県大会準決勝興南対沖縄尚学。この年の春の甲子園で優勝した沖縄尚学は、エース東浜巨を筆頭に、投打とも安定した力で危なげなく勝ち進んできた。下馬評では、甲子園春夏連覇を狙っている沖縄尚学とノーマークの興南とでは横綱と平幕ほどの力の差があり、沖縄尚学が順当に勝ち進むだろうと予測されていた。

専門家の期待を裏切るのが、高校野球の醍醐味《だいごみ》だ。興南の我喜屋優《がきやまさる》監督は、満を持して一年生ピッチャー島袋を先発に指名した。この大会、彗星《すいせい》の如《ごと》く現れた島袋は、二回戦では宜野湾《ぎのわん》高校に5対2、準々決勝では名護《なご》高校に3対2と完投勝利。中5日で準決勝を迎える島袋の勢いに名将我喜屋監督は賭けたのだ。

高校野球においては、入学してたった四カ月程度の一年生ピッチャーが夏の大会で活躍するケースを時折見る。一年生ということで怖いもの知らずの勢いでそのまま突っ走り、いい結果を残す場合は少なくない。何も考えずにガムシャラにプレーする強さは計りしれないということだ。

初回に先制点を挙げた興南は、一年生ながらエース島袋の自慢のストレートが冴《さ》え渡り、沖縄尚学打線を5回まで4安打5三振。試合の流れは興南に傾きつつあったが、6回に味方の外野のまずい守備により1点を失い、同点。そして8回表興南の攻撃で一死満塁と攻め込むも無得点に終わり、その裏沖縄尚学が2点勝ち越し。

「8回にライト線へのファウルかフェアか際どい当たりの三塁打を打たれて追加点を取られたんですけど、あれがファウルだったら、あの東浜さんに勝ってたかもしれないです」

春夏連覇メンバーの二番センターの慶田城開《けだしろかい》は残念そうに思い返す。島袋でさえも「あの試合は惜しかったですね」と悔しさを表した。

結局1対3で敗退。しかし、この試合での島袋の威風堂々たるピッチングは沖縄高校野球界に、興南に島袋ありと強く印象付けた。「この試合はかなり自信になった」と島袋が述べるほど、当時高校ナンバーワンピッチャー東浜との投げ合いは試金石となり、高校野球でやっていけるという自信を島袋に植え付けた試合だった。

この年は、浦添《うらそえ》商業が県代表となり甲子園ベスト4と躍進するが、甲子園前の壮行試合として浦添商業と興南が対戦し、ここでも島袋が快投を見せた。視察に来ていた県内の監督たちは「末恐ろしい一年生が出てきたな」と口々に呟《つぶや》いたという。

ステージは大学野球に移り、およそ三年ぶりの対決となった東浜は、大学三年春の時点で通算20勝を誇る東都リーグ屈指の投手として君臨していた。同郷の後輩でもある島袋に先輩の意地を見せつけるはずだった。しかし、試合は白熱した投手戦となり1対0で島袋に軍配があがる。9回5安打12奪三振の完封で、リーグ戦初勝利、それも東浜に投げ勝っての白星は格別なものとなった。神宮を舞台にした沖縄出身者の甲子園優勝投手の二人の邂逅《かいこう》は、今後間違いなく東都大学野球を盛り上げていくものだと誰もが信じて疑わなかった。

大学一年春のリーグ戦では、5試合1勝3敗、投球回数36回⅓、防御率0・98で新人王に輝くなど、甲子園のスターは色褪《いろあ》せない輝きを見せた。

斎藤佑樹、吉永健太朗《けんたろう》（日大三―早稲田―現JR東日本）といった近年の夏の甲子園優勝投手に共通していることは、大学一年生春のリーグ戦でMVP並みの成績を残しているのに四年生になると途端に球威が落ち、奪三振が極端に減るということだ。その後、プロに入っても満足な成績を残せない投手、プロの道を断たれる投手が多い。それを鑑みると、大学野球のあり方を考えさせられる。

東浜にしても大学時代の酷使がたたってプロ入り後、肘痛に悩まされた。即戦力のドラフト1位で入団したはずが、プロ三年間で6勝、四年目でやっと9勝を挙げ、五年目で16勝を挙げて最多勝を獲得できた。振り返るも、選手寿命が短い野球では、肩を酷使する大学の四年間は投手にとってあまりにも長すぎるということなのだろうか。

ちなみに、大学を経由してプロに進んだ甲子園優勝投手は、一三人いる。そのうち、夏の甲子園優勝投手はたったの五人。ただ、小川淳司（中央—河合楽器—ヤクルト、現ヤクルトゼネラルマネージャー）と西田真二（法政—広島、現セガサミー監督）は大学で打者転向、石田文樹《ふみき》（故人、早稲田中退—日本石油—大洋）は大学を中退し社会人野球経由のため、夏の甲子園優勝投手で大学を卒業してピッチャーとしてすぐプロ入りしたのは、後にも先にも斎藤佑樹と島袋洋奨の二人だけなのである。


【大学二年春】

島袋に「高校、大学、プロのそれぞれで、一番印象に残っている投球を教えてください」と尋ねると、高校、プロでのピッチングについてはすぐに答えるも、大学の時だけは答えられなかった。それほど島袋にとって大学四年間は暗黒の時代だったということなのか。

「大学二年の春までは調子が良かったんです」

島袋は、大学時代の輝いていた記憶を脳裏の奥から引っ張り出してきた。この大学二年の春季リーグを、島袋の野球人生のターニングポイントと見る向きも多い。

春の甲子園決勝後のマウンド上での喜び。満面の笑みが広がる

年齢はひとつ上の同級生“大湾さん”こと大湾圭人と一緒に

大学一年の秋季リーグ終了後、これまでプロ入りを見据えて投手を育成してきた高橋監督は更迭され、代わりに秋田秀幸が監督に就任した。中央大一年春から全イニングに出場した強打者として中日に入団した秋田は、一九八二年に五年間のプロ生活を終えた。その後、死に物狂いで働き、自ら会社を立ち上げ一定の地位を築く。その傍ら中央大野球部OB会の要職にも就き、影で中央大野球部を支えてきた存在だ。

二〇一二年、秋田監督の初試合となる春のリーグ戦、二年連続開幕投手に選ばれた島袋は、開幕カードで強烈なインパクトを残す投球を見せる。東洋大一回戦で延長15回をひとりで投げきり、3対2のサヨナラ勝ちでチームを勝利に導いた。球数226球、奪三振21。一試合で投げる球数ではない。

「センバツ甲子園決勝の日大三高戦で198球を投げたことはありますけど、200球超えは初めてでしたね」

中一日で三回戦に先発し、7回92球1失点で勝利、チームは勝ち点1をゲットした。

リーグ戦での勝ち点制度は、エースが一回戦、三回戦と中一日か中二日で登板することが多い。二カ月にわたるリーグ戦において、エースが勝敗を左右する比重と負担は相当大きい。

「勝ち点2を取れば、まず入れ替え戦はない。そうなると優勝争いできるし、下を見ない戦い方ができます。2連勝は初めてだったし、調子が良かったので次の日大戦も重要なので投げました。でも、ここで肘がぶっ飛びました」

中六日で日大一回戦に先発し、8回122球、失点4で3連勝。勝利を挙げたが、ここで島袋の肘は悲鳴をあげた。左肘内側側副《ないそくそくふく》じん帯に血腫ができており、すぐにドクターストップがかかった。きちんと肘が回復するまでの約五カ月間、一切投げられないノースロー調整を強いられた。ブルペンに入ったのは怪我《けが》から四カ月後の八月下旬である。

「東洋大戦の226球と中一日の先発による酷使によって全盛期の投球ができなくなったと周りからよく言われます。実際は、その二戦まで肩肘は大丈夫だったんです。次のカードの日大戦で休める勇気があれば変わったのかなと。秋田監督から『本当に行けるのか？　無理だけは絶対にするなよ』と何度も声をかけられました。僕が『無理です』って言うことで登板は回避できたと思いますが、あくまでも自分の意思で投げました」

〝好事魔多し〟とでもいうのか。調子が良かったことでエースという重責と使命のため投げ続けた結果が招いた肘の怪我。この3試合で30イニング440球を投げたことになる。これは現代野球ではありえない数字だ。野球ファンの間では、秋田監督の無茶な酷使によって島袋は壊れたという声が多い。

よっぽどの怪我じゃない限り、エースは多少無理をしてでも投げるのが当たり前で、自ら投げられないとは言わない。責任感が強い島袋だけに、チームの勝利のことを思えば絶対に投げると答えるに決まっている。それを見極めてやるのが指揮官ではないだろうか。

当時指揮官だった秋田からどういった思いで起用にいたったのかをどうしても聞きたかった。伝手《つて》を辿《たど》って秋田にアポを取ると、快く応じてくれた。

「監督になって初めての試合ですからよく覚えています。四月一日で寒い日でした。途中、ピッチャーライナーが島袋の脚に当たったのでマウンドに向かったんです。交代させようと思ったんですが、島袋は『大丈夫です』と言う。実際、いいピッチャーがいたら代えてますよ。でも、目が死んではいなかったのでそのまま続投させました。四年の鍵谷（陽平）もいましたけど、やっぱり大黒柱は島袋なんです。監督をやって最初の試合が延長15回の試合でしょ。野球で勝つのってこんなに苦しいことなのかとあらためて思いました。その後の登板も『絶対に行け』とは言わなかったし、『どうだ？　大丈夫か？』と様子を見ながらでしたが……」

言葉に詰まりながら目線を逸《そ》らした。

何をもって島袋に「大丈夫か？」と聞いたのだろうか。高校野球でもそうだが、監督に体調面やコンディションの是非を聞かれたら「行けます」と言うのが当たり前の風潮であり、この日本の悪《あ》しきアマチュアリズムでもある。過去、一九九一年夏の甲子園で準優勝した沖縄水産の大野倫《おおのりん》（元巨人）が〝腕が折れても投げ続ける〟という根性論で登板し、投手として再起不能になった悲劇を再び起こさないためにも、指導者は目先の勝利に囚《とら》われず、徹底して選手ファーストでなければならない。

世間では島袋を壊した監督というレッテルが貼られている秋田だ。選手を守る立場である指導者ならば登板を回避させることもできたはず。監督就任一年目ということで目先の勝ち点に拘《こだわ》ってしまい判断を誤ったと言われても仕方がない。

この二年春のリーグ戦での投げ過ぎで島袋が故障をしたのは確かである。

結局、二年秋のリーグ戦は怪我明けということもあり、秋田は一回戦限定で島袋を起用することを考えていた。1もしくは2イニング限定の抑えとして投げさせ、本格的復帰は三年春をにらんでいた。

【大学三年春】

大学三年生になった島袋は肘の怪我から徐々に回復に向かっていた。三年春のリーグ戦初戦に照準を合わせて調整してきた島袋は、青学大一回戦を0対1で7安打完封。次の駒澤大一回戦では駒澤エース今永昇太（現DeNA）と投げ合い、6回2失点で負け投手になった。次の専修大一回戦では4対0、3安打13奪三振の今季二度目の完封。完全復活の狼煙《のろし》を上げた。

このシーズンは、2勝3敗、防御率1・94で終わる。打線が弱かったチーム事情を考えると、十分な成績である。この結果を見ると、二年春の肘の怪我以降まったく結果を残せなかったわけではないのがわかる。

【大学三年秋】

悪夢は突然、やってきた。

初戦の拓殖大一回戦で5対1の完投勝利。拓殖大三回戦で1対2のサヨナラ負け。翌週の亜細亜大一回戦では九里亜蓮《くりあれん》（現広島）と投げ合い、1対0で負け投手。九里に12三振を取られ、味方の援護がなかった中で島袋は5安打1失点完投とよく投げた。ここまでの3試合で1勝2敗3失点、防御率1・00。上々の成績だ。

そして迎えた青学大一回戦。絶好調とは言わないまでも、調子は悪くない感触の中で、ゲームは始まった。

「ガシャン！」

バックネットにボールが突き刺さる音が神宮球場に鳴り響く。

守備についている野手もベンチの選手たちもただすっぽ抜けただけと思った。しかし、次もまた「ガシャン！」バックネットへの暴投。球場内がざわつき始めた。結局、二者連続フォアボール。突如、島袋のコントロールが乱れた。それもバックネットやバッターの背中方面への大暴投。球場全体が「どうした？」という空気の中、審判の「ボール」という乾いた声だけが響く。一死一、二塁となり適時安打を打たれ、4失点で初回KO。島袋の野球人生において初めてのことだった。

國學院大一回戦では、初回一死一、三塁の場面での暴投で簡単に先制点を取られる。その後、すぐに四球で一、三塁となったところでまた暴投で追加点、1回⅓、3失点でノックアウト。

「青学大戦でバックネットに投げまくりました。次の駒澤大戦でも何球か暴投してしまったんですが、8回まで投げ切りました。その次の國學院戦で大暴投の連発で完全に終わった感じです。この時マウンドから、ストレートが投げられないというサインをキャッチャーの東《ひがし》(隆志《りゆうじ》、現ヤマハ)に出していたんです。だけど〝来い来い〟とジェスチャーするので、仕方なく真っ直《ま》ぐ《す》を投げたんです。東にも届かないほどボールが大きく上に逸れたときに、もうダメだと思いました。それまでも投げる時には気持ち悪さがあったんですが、この國學院戦で終わりました」

島袋が〝終わった〟という言葉を使った。ドキッとした。かつて〝孤高の天才〟前田智徳《とものり》(元広島)がアキレス腱《けん》断裂後に「前田智徳は死にました」と言った。島袋洋奬の言葉も、この試合を最後に自分は〝死んだ〟と宣言したかのようだった。

二年春の肘の怪我から島袋は大きく調子を崩してしまったと思われていたが、実際にはこの時から島袋は決して霧が晴れない道に迷い込んでしまったのだ。

【大学四年春】

マウンドには、これまでとは別人の島袋がいた。

四月八日亜細亜大一回戦に先発し、1回⅓、四球6、失点3。2回には5連続四死球を与える。

五月一日拓殖大二回戦では3回一死から中継ぎで登板し、フォアボール連発で2失点。

五月六日青学大一回戦に先発し、7回まで投げて2四球3失点、自己最速タイの150キロを計測するなど復活の足がかりとなりそうな投球を見せる。

五月二〇日駒澤大一回戦に先発し、初回一死満塁から連続フォアボール、1回、4四球、3失点。甲子園で何度も見せた、外角いっぱいに決まる抜群のストレートは見る影もなくなっていた。

秋田は、この時期の島袋に対する感情をはっきりと覚えていた。

「甲子園であれだけ投げた投手です。なんとか、甲子園の絶好調時を思い出してくれ、復活して欲しいという思いから島袋を先発させました。亜細亜大戦の2回の5連続フォアボールにしたって、本来ならその時点で代えなきゃいけなかったんでしょう。それだったら頭から投げさせる意味がない。ましてや彼は中継ぎで投げさせるピッチャーではない。今思い返すと、可哀想《かわいそう》なことをしたかもしれない。でも、彼が復活しない限り優勝はなかったですから」

秋田は、ピッチャー島袋を復活させるためにはできることは何でもやろうと考えた。より発奮させるために主将に任命したのもある意味ひとつの賭けだった。技術だけではなく、精神面も鍛えるために専門家を呼んでレクチャーさせた。そして、監督として島袋の復活を信じてマウンドに送り続けたのだ。

島袋は、悪夢に近い四年春のシーズンのことを、臆せずこう話してくれた。

「僕が試合をぶち壊しているにもかかわらず、『頭から行くぞ！』と何度も先発で使ってもらい、どうにかして立ち直って欲しいという監督の思いはひしひしと感じていました。世間では、秋田監督が壊したという話になってますが、決してそうではない。それだけはきちんと伝えたいと思ってます」

島袋には、秋田への感謝こそあれ、恨む気持ちは毛頭なかった。秋田の思いを一身に受けながらも立ち直れない自分に苛立《いらだ》ちを感じ、申し訳ない気持ちでいっぱいであった。

結局、0勝2敗、投球回数14・2、被安打17、奪三振12、四死球17、失点11、防御率6・75と1勝もできず、与四球率は10・43。投球回数より四死球のほうが多くて勝てるわけがない。島袋は甲子園であれほど精密なコントロールを見せていたのに、なぜこうなってしまったのか。

秋田は目を真っ赤にしながら少し思いつめたような顔で語る。

「本人はイップスになった根本の原因は投げ過ぎからの故障のせいだとは言わないでしょうけど、ひょっとしたらそうなのかもしれないと私は思っています。それは本人にしかわからない。五年後、一〇年後になるかもしれないが、いつか島袋とゆっくり話ができればと思っています」

イップス、逃れられない地獄

島袋の突如狂った制球力に対し、あるひとつの言葉が浮かんだ。

「イップス」

もともとはゴルフ用語で、一九三〇年前後に活躍したトミー・アーマーが思うようにパットができずに苦しんだことが始まりとされている。これまでできていた動作が突如できなくなる障害であり、心理的なことが原因とされることが多く、プロ野球では岩本勉(元日本ハム)、森本稀哲、ゴルフでは横田真一などが挙げられ、多くのアスリートが今も悩まされ続けている。

投手でいうと、まったくストライクが入らなくなったり、またストライクは入るが牽制やバント処理などのフィールディングプレーで思ったところにボールが投げられないケースなどその症例は多岐にわたる。イップスは誰にでも起こる可能性があり、具体的な治療法がまだ見つかっていない。一番の治療法はおかしいと思ったらすぐに同僚や指導者、専門医に打ち明け、理解と協力を得て対策を考えることだと言われている。

巷では、イップスになった現役選手に対して周りの人は「イップス」という言葉をあえて使わないようにしているという。「イップス」の症例がどういった時に医学的に認知されるのかが曖昧なため、選手に余計な悩みを持たせたり、負担をかけたくないという配慮からだ。

一瞬、質問することを躊躇《ちゆうちよ》した。初めて島袋を取材したのがまだプロ野球を引退したばかりで「イップス」という言葉を使おうか逡巡《しゆんじゆん》したが、あえてストレートに聞いてみた。

「はい、イップスです。投げられなくなりましたね」

こちらの心配をよそに、島袋ははっきりと答えてくれた。

「大学四年春のリーグ戦の時には、とうとうフォームがわからなくなって、腕が縮こまってしまうようになってキャッチボールもまともにできなくなりました。マウンドに上がりたくないなーってしょっちゅう思いました。チェックポイントさえわかっていれば、悪くなった時にそこを重点的に見直せばいいはずなのに、大学三年の秋まで何にも考えずに野球をやってました。自分のフォームに対して対処する方法がわからず、ただ単に投げていただけでした」

島袋は、自分が不調から立ち直れない原因をきちんと分析できていた。しかし、なぜ急にコントロールが悪くなってしまったかについては言及しなかった。いやできなかった。それは島袋自身もわからなかったからだ。

「暴投しないように意識すると地面に叩《たた》きつけてしまうし、叩きつけないように意識するとキャッチャーが捕れないほど大きく上に大暴投してしまうし……。この時期は、自分でもわからないほどの変な気持ち悪さがずっと身体の中にあるんです。例えばテレビで野球中継を観《み》ている最中でも、自分が投げていることをイメージして相手打者への組み立てを考えたりしているんです。でも、マウンドに立っている自分を想像すると、手ににじんわり汗をかいたりして気持ち悪くなってくるんです」

やたらと〝気持ち悪い〟を連発する。違和感ではなく〝気持ち悪い〟。島袋が言う〝気持ち悪い〟は、普段一般人が使うものとは質がまったく違うように思える。何かに怯《おび》え、何かに襲われるような恐《こわ》さ……、それらをすべてひっくるめて〝気持ち悪い〟と言っているように感じた。

どこかを故障したのならわかる。しかし、どこも痛みはない。まずは技術的な部分を改善するしかない。島袋はひとりで模索し続けた。

しかし、キャッチボールをしてもまともに投げられない。ブルペンでも〝暴投しないように早く終わってくれ〟と願うだけ。ノーワインドアップ時に両手を上げるだけで気

東都の名門中央大学では、1年春から堂々エースとして君臨

島袋の右隣には、ドラフト3位で楽天に入団した同期の福田将儀。2017年引退

持ちが悪くなる。終《しま》いには、ボールを触るのが嫌になる。上手《うま》くなろうとして練習しているはずなのに、なんとかしなくてはと焦りだけが先走る。そうこうしているうちに、島袋のピッチングは何から何まですべてグチャグチャになってしまった。

大学時代から島袋を見ていたパフォーマンスドクター松尾祐介《ゆうすけ》はこう語る。

「イチロー選手にしたって大谷翔平（現エンゼルス）選手にしたってインタビューを受ければ、各々の独自の言葉で話します。彼らは、調子が良い時にどういった理由からその状態になっているのかをきちんと検証し、そのコンディションを持続するために考えています。だから一流なんです。

プロの選手は持って生まれたセンスがあるため、幼い頃から人に教えられなくても勝手に身体が動いて良いプレーができてしまう。そのため、できているプレーに対し見つめ直すことをあまりしない。つまり考えずに天性だけでやっているプレーヤーが多いということです。だからトレーニングひとつをとってみても自分で検証せずに、間違ったトレーニングを受け入れてしまい、その結果感覚がおかしくなってイップスに繋《つな》がるケースもあります」

能力のある選手が調子を崩しボロボロの状態に陥っても、かつての輝いていた感覚を蘇《よみがえ》らせてあげれば、復活するというわけだ。

「島袋くんに関してはもともと備わっているセンスがあるので、それを蘇らせてあげれば良い方向に向かうと思いました。ただ、感覚を蘇らせる、感覚を作ると一口に言っても、かなり難しい作業なんです。本人が持っている感覚は本人にしか理解できない。でもその感覚を他人が理解しようとすることが重要であり、その感覚を取り戻す作業を一緒にやっていくことでアスリートは安心感を得られるのではないかと思っています。イップスになると、どうしても周りの目が気になってしまいます。島袋くんは大学四年時にキャプテンだったので、より責任感を持ってやっていたのがプレッシャーになって相当苦しんだと思います。

メンタルを整えることで治るイップスはむしろ軽度なものなんです。イップスは、身体の回路まで変わってしまうことがあります。技術で補える時もあれば、重度の場合は身体の形が変わってしまうことさえもあります。脳も関係していると思います。だからといってメンタルのみが要因だと決めつけてしまうのが良くないところです。島袋くんの場合は、身体のほうも変えていかなくてはいけない状態でした。良い感覚を呼び起こすために、前はどういう身体の部位を使ってピッチングを行っていたのかをトレーニングによって確認していきました」

松尾は、島袋が大学に入って身体を大きくしようと重点的にウエイトトレーニングをしたことも影響しているのではないかと推察した。高校から大学に入ると身体も大きくなり、なかなか適応できずに苦労する場合がある。ピッチャーというポジションは繊細なプレーが求められるだけに、本来必要ではない筋肉をつけただけでバランスを崩すことが多々ある。

選手は自分の感覚に合うトレーニングを探している。しかし、選手は自分の感覚をうまく具現化することができないから苦労する。イップスにしても同じだ。かつて良かったときの感覚を忘れてしまったために、投げ方がわからずボロボロになってしまう。そうならないためにも松尾は、独自に編み出したメソッドでアスリートの感覚を取り戻す作業をしている。

興南高校時代の恩師でもある我喜屋監督にも大学時代の島袋について聞いてみた。

「高校に入学したばかりのときは逸材だという感じではなかった。ただ島袋は人の二倍も三倍も練習をする努力家だし弱音も吐かない。新しい練習法を疑わずに取り入れる素直さもある。だからあれだけのピッチングができるほど成長し、春夏連覇できた。神宮球場で投げている島袋の投球を一回見たんだけど、なんでこんなフォームになってしまったのかと驚いた。どっか引っかかっている感じでスムーズな投げ方じゃない。リリースポイントやら腕の振りやらいろいろ考えたあげく、ぎこちなくなってフォームが安定せずにバラバラになっている印象だった」

どうしてあそこまでほっといたのだ、と思わず口に出しそうな勢いで話す我喜屋監督は、言い知れぬ怒りを抑えているようだった。

「高校時代、我喜屋監督からのアドバイスをもらったのは一度だけです。僕は下半身から連動して上半身を捻っていく動きをずっと意識していたんです。でも、監督はゴルフを例えに出して言うんです。ゴルフは一連の動きとして上半身が先に動いて下半身が付いてくる。そうやってねじれを作ってパワーを生み出している動きもある。そういう動きがあることを頭に少し入れながらやってみたらどうだと。発想の転換をしろと言いたかったんですよね。それから肩の回り方が変わって調子が上がっていきました」

高校時代の島袋は、毎日の苦しい練習を乗り切るために一つひとつの練習を自分との戦いだと置き換えて自らを追い込んでいった。大学になると今のままでは通用しないと感じたため、今まで試していない技術的修正を図った。それでも改善は見られず、レベルアップのため練習を重ねているのにどこでズレが生じてしまったのか。悶々《もんもん》とする島袋であった。

当時コーチで現中央大監督の清水達也は思い返す。

「大学三年秋の青学大戦での、最初の暴投はただすっぽ抜けただけなのかなと思ったんです。でも続けてバックネットに突き刺さるような暴投を見た時はドキッとしました。今思い出しても嫌なシーンです」

そうポツリと言うと、清水は軽く笑みを浮かべ、すぐに宙を見た。

散々な結果の四年春のリーグ戦が終わり、島袋は練習でもまともに投げられなくなった。キャッチボールさえもできない島袋は焦りに焦っていた。大学最後のシーズンで結果を残さないとプロから声がかからない。とにかく、かつての自分を取り戻そうともがき続けた。

春のリーグ戦の激闘を終えた選手たちが、少し落ち着く時期の朝練習終了間際の時だ。

「島んちゅ（島袋）、ちょっといいか」

コーチの清水が島袋を呼び止めた。

「はい」

なんだろう。島袋は今までほとんど話したことがない清水コーチから声をかけられたことに戸惑いを覚えた。

「まあ、座れ」

本部室と呼ばれる練習場のバックネット裏の部屋に入り、誰もいない薄暗い中、音を立てないよう静かに椅子に座った。

「なあ、島んちゅ、おまえは自分で自分を苦しめている部分があるように見える。別に甲子園で優勝した島袋じゃなくてもいいんじゃないか」

清水からの思ってもみない言葉に声が出なかった。

「いろいろ考えてしまうのはわかるが、あまり結果を追い求め過ぎずに、ただ思い切り投げたらええやん。おまえは島袋洋奨として野球を楽しめばいいんやからな」

島袋はハッとした。俯《うつむ》き加減の顔を上げると、急にとめどなく涙が溢れ出した。誰にも悩みを言えず、たったひとりで戦ってきた。それが当たり前だと思ったし、それがエースなんだと言い聞かせてきた。期待通りの結果を残せずチームに対して心から申し訳ないと感じていることが、知らず知らずのうちに自分を苦しめていたことに気づく。普段あまり話さない清水コーチから声をかけられたことで頑《かたく》なな心がほぐされ、こわばっていた身体が嘘《うそ》のように楽になった。

だからといって、すぐに調子が戻るほど野球は甘くない。一進一退のトレーニングが続くものの、なかなか結果には結びつかなかった。

人生は思い出と友だちがあれば生きていける、と言った偉人がいた。島袋にもかけがえのない友がたくさんいる。その中でも特別なのが、慶田城開。甲子園春夏連覇時の二番センターで、小中高大と一緒の幼馴染《おさななじみ》でもある。苦楽をともにしてきた友ということだ。

「洋奨とは同じマンションで、僕の親父《おやじ》が監督を務めていた少年野球チームに一緒に入ってました。親父の教えもあって、小学校高学年の頃には洋奨は琉球トルネードのフォームをすでに身につけてました。僕は中学校で硬式野球チームの浦添ボーイズに入って、洋奨は中学校の軟式野球部に所属しました。親父が洋奨に中学で硬式野球をやるのはやめとけと話をしたんです。監督である親父が『走っとけ！』と言えば、洋奨はいつまでも走り続けてしまう。そんな性格で身長が150センチ台しかない洋奨が硬式野球をやったら絶対に壊れる。そのアドバイスを聞いて洋奨は中学の時に硬式をやらなかったんです」

慶田城は〝洋奨〟という単語を何度言ったのだろうか。どれだけの思いが込められているかがわかる。小学校から同じマンションで同じ野球チームに入り、中学校では硬式と軟式に分かれた。だが高校でまた一緒に野球をやり、春夏連覇のメンバーとして中央大に進学した。まさに腐れ縁だ。

「あの頃、中大打線は弱かった。島袋のピッチングの出来によって勝敗が決まる。だからミーティングでは『島袋を壊したくないなら5点取られたら6点取る、8点取られたら9点取る。島袋が投げて無失点で抑えて1対0で勝つより、10対0で勝ったほうが島袋は安心感が得られてより自信がつくのじゃないのか』と打線の奮起を促すようなことをいつも言ってました」

慶田城は語気を強めて言う。一年春から試合に出ていた慶田城はその年の秋口、古傷の膝を痛めて一年間まるまるリハビリに当てることになってしまった。結局完治にはいたらず、三年生から学生コーチになった。だからこそ、責任感が強い島袋を見殺しにしている原因の貧打線を脱却させ、チーム状態をなんとか改善したかった。

「こんだけボロボロの洋奨に対して『一回、酒飲んで投げてみない？　1球目にバックネットに暴投しても今更何も思わないって』って気分転換のつもりで朝からしこたま酒を飲ませたこともありました。本人は『頭痛い』って言ってましたけど（笑）」

さらに続ける。

「高校生の時、洋奨は足を上げただけで球の軌道のイメージがつくほどピッチャーとしての資質は抜群でした。でも大学に入ってフォームの癖を盗まれたことで、ガンガン走られまくりました。そのせいで、フォームの改善やらいろいろなことに気を遣い始めたら自分のフォームがわからなくなったんです。学生コーチになってからでも、洋奨にこうやって考えたほうがいいよと言ったことはありません。感覚でやっていたタイプの洋奨に伝えたのは『走られてもよくない!?　その後連続三振取ればいいじゃん。三振取れるボールを持ってんだから』。あいつは野球に対して完璧でありたいという考えだし、ピッチャー特有の繊細さもあります。あえて野手の気持ちを伝えてやろうと思ってこうも言いました。

『神経質にならずに大雑把でもいいじゃん！　ストライク入らなくても150キロを投げることを目標にしたっていいじゃん。どうせ、今は勝てないでしょ。だったら、今のトンネルを抜けるために割り切ってやらんと』ってね」

ピッチャーとして、調子が良い時のピッチングを追い求め続けることは大事である。

しかし、それだけに囚われるのは危険でもある。メカニズムに拘るのも重要だけど、それよりも野球人としてもっと大きく伸び伸びやってもらいたい。そういう思いが慶田城の中にはあった。

ひとりで悩みを抱え込んでしまっている島袋を見て、周りは気が気じゃなかった。慶田城と同じく甲子園春夏メンバーの大湾圭人《おおわんよしと》もそのうちのひとりである。大湾も中央大学に進学し準硬式野球部に入部。もともと島袋と仲は良かったが、同じ大学ということもあってさらに仲が深まった。

春夏連覇メンバーのうち進学で関東に出たのが一〇名以上いる。休みになればことあるごとに集まっていた。特に入学したての四月、五月頃は、沖縄から上京して慣れない都会生活、大学野球への戸惑いなどもあってか、頻繁に立川《たちかわ》か新宿のどちらかの居酒屋「一休」に集まり、各々の近況報告がてらにワイワイ飯を食べていた。高校時代と変わらぬ良好な関係は、大学四年間続いた。

「大学三年後半から四年にかけて、洋奨が凄《すご》く悩んでいることはわかってました。でも、楽しい飲み会にしようと思い、あえて本人には何も聞きませんでした。『変な夢をよく見るんです』とか『夢を見ていてハッと起きると自分が立っているんです』って言ったりしてました」

大湾圭人は静かなトーンで話す。

島袋がなぜ大湾に対して敬語で話すかというと、大湾は一度沖縄尚学に入学しわずか半年で退学、あらためて興南に再入学したという変わり種。つまり島袋より一歳年上の同級生である。同級生でも相手のほうが年上だから敬語で話す。そんなところに島袋の律儀な性格が滲《にじ》み出ている。

決して人には弱気を見せず、いつでも泰然自若の島袋でも、気が置けない友にはふと弱音を吐くこともあった。

こんなことがあった。いつものように新宿の居酒屋「一休」で同期会をやった時のこと。

まだ梅雨明け前の七月上旬、午後七時に新宿駅東口で待ち合わせをした大湾と島袋は、雑踏をかき分けながら靖国通《やすくにどお》りを花園神社方面へと歩く。先ほどまでの霧雨のせいで充満した湿り気まじりの空気が素肌をべたつかせる。

島袋は前方から横一列で歩いて来る大学生たちをうまく避《よ》けながら、大湾の側《そば》を付かず離れずで歩いている。街中の小うるさい雑音に紛れながら不意に口を開く。

「大湾さん、俺、野球やめようかな……」

「え!?　なになに？」

大湾は一瞬聞き間違いだと思った。

「いや、もう野球いいかなって……」

今度はさっきよりか細い声だがはっきりと聞こえた。

「またまたぁ!」

大湾はすかさず島袋の背中をポンと叩いた。島袋の口からまさか「野球をやめる」という言葉が出るなんて……。顔を覗《のぞ》くと、精悍で凜々《りり》しい島袋の顔から覇気が感じられない。さらに、目に見えない何かに追い詰められているような気弱さが滲み出ていた。

島袋の野球人生にとって形容しがたいような試練が襲いかかっていることは、大湾も十分に分かっている。自分には何をしてやれるのか。不調の原因はメンタル的な要素が大きいのではないかと感じた大湾は、せめて同級生との飲み会を楽しい場にさせることが一番の良薬だと考えた。

「今まで大きな怪我をしたことがない洋奨にとって、二年春のリーグ戦での肘の怪我で四カ月離脱したことが、その後の野球人生をも狂わしてしまったのではないかと思うんです。それくらいあいつは怪我をしたことがないピッチャーだった」

大湾は口惜《くや》しそうに言う。

〝無事是名馬也《ぶじこれめいばなり》〟とはよく言ったもので、島袋は小学校三年からピッチャーをやってきて怪我らしい怪我をしたことがなかった。身体が人一倍頑丈だったから怪我をしなかったわけではない。中学時代から人一倍身体に気を遣い、十分すぎるほどの準備を重ねて試合に臨んできたからだ。正しいフォームで投げれば、まず怪我をしない。悪いフォームでの過度の投げ込みが一番怪我を招きやすい。さらにスタミナがない中で無理やり投げ込んでいるとバランスが崩れ、必ずどこかに負荷がかかり故障が発生しやすくなる。

島袋は高校時代の毎日の走り込みにより強靭《きょうじん》な下半身を作り、完投する持久力、体力を備えることができた。エースという責任を一身に受けることで己を律し、常に準備を怠らず、投手としてモチベーションを維持してきた。だから春夏連覇という偉業を達成できた。

大学に入ったときからプロ野球に照準を定めている以上、ドラフト会議直前の大学最後となる秋のリーグ戦ではなんとしてもいい結果を残さなければならない。主将でもある島袋にとって、自分がいいピッチングをすることでチームも優勝争いに絡む可能性があることは重々承知である。だからこそ、ラストチャンスに賭ける思いは人一倍あった。

【大学四年秋】

大学最後の秋のリーグ戦が始まった。初登板の國學院大一回戦は8回からの中継ぎだった。だが二者連続四球の後、犠打、四球で満塁となり、1アウトを取っただけで降板。16球すべてストレートで、そのうち15球が130キロ台。スピードもまったく出ずコントロールも定まらず四球の連発。もう島袋はダメなのか。誰もがそう思わざるを得ないほど、島袋の投球内容は並の投手以下だった。

このシーズンの中央大のチーム状態は非常に良かった。亜細亜、國學院から勝ち点2を取り、優勝争いをする中で残り駒澤大三回戦と青学大三回戦だけとなる。この二戦に連勝し、何としても駒澤との優勝決定戦に持ち込みたい。二〇〇四年秋以来20季ぶりの優勝に向けて、チームの雰囲気は最高潮だ。四年生にとって学生最後のシーズンに有終の美を飾りたいと思うのは当然のことだ。ましてや在学中一度も優勝していない。勝ちに拘る気迫がチーム全体にみなぎっていた。

そして駒澤大三回戦を迎える。これに負ければ優勝はない。まさに大一番で先発に指名されたのは、島袋だった。前の登板の青学大一回戦で6回4失点ながら約一年ぶりの白星を挙げた。復調の兆しが見えたところで秋田監督は島袋をあえて先発に持ってきたのだ。もちろん、チームメイトの誰ひとり異論はなかった。選手たちは、どれだけ不調であろうと中央のエースは島袋だとずっと思ってきたからだ。

ここ一年間、四球の連続で何度も1イニング持たずに降板した。その度に島袋は自分を追い込むように自主練習をやった。どんなに絶不調であろうと黙々と自主練をこなし、ポール間走やシャドウピッチングをやり続けた。メッタ打ちを喰《く》らって降板し、ベンチで腐ってもおかしくないような状況でも、主将としてベンチの最前列で人一倍大きな声を出し仲間を鼓舞し続けた。

誰に聞いても島袋のことを「真面目で信用できる人物」と評する。かくいう私も島袋に何度かインタビューをし、受け答えから連絡のやり取りに関してまで本当に真面目で信頼できる人物だと感じた。一般人でも、平気で約束を破って連絡も寄《よ》こさない人がたくさんいる。著名人であれば、なおさらだ。だから余計に島袋との連絡のやり取りがスムーズにできたことに安心感を覚えた。元アスリートでこれだけ信用できる人は初めてだった。

島袋に性格の自己分析をしてもらった時のことだ。

「人から真面目ってよく言われますが、何が真面目で何が不真面目なんでしょうね」

〝真面目〟と言われることへの戸惑いなのか、少し感情を露《あら》わにした。

大学でもプロでも、影で努力するチームメイトの姿を間近で見てきた。彼らと自分を比較されると、必ず島袋のほうが真面目と言われる。一体何が違うのか。真面目すぎるからダメになったのではという声も少なからず島袋の耳に入ってくる。でも復活しようとするためには一生懸命やるしかない。それが真面目だからどうのこうのと言われてはたまったものではない。そんなジレンマを帯びているような発言に思えた。

周りにいる人たちから絶大なる信用を得ている島袋がどれだけ不調になろうとも、大学の仲間は彼の復活を信じて待っていた。

そんなみんなの思いが痛いほど伝わっている島袋には、もう変な気負いはなかった。

今までは、チームに迷惑をかけてはいけない、期待に応えようと意識して投げていた。自分がどうしたいのかを考え、〝投げなきゃ〟から〝投げたい〟に変わっていったのだ。

大学四年の九月下旬、島袋はチームメイトから紹介してもらった兵庫県にあるトレーニングジムに行き、身体に合った調整法を習得していく。このジムを主宰する、前述のパフォーマンスドクター松尾祐介はこの時の様子を語ってくれた。

「高校日本代表で島袋と一緒だった報徳学園や中央大の選手がウチのジムに通っていたんです。彼らが、このままだと島袋はプロに行けないかもしれないと心配して言うんです。それで大学四年の秋のリーグ戦真っ只中《ただなか》に島袋を急遽《きゅうきょ》呼び寄せました。すると二日間しか身体を見られなかったのに、球速が16キロアップしてリーグ戦で一年ぶりの勝ち投手になったんです。そうしたらソフトバンクのスカウトの方から私に電話が来て『どうなんですか？　島袋のイップスは治るんですか？』と聞かれ、『治るので大丈夫です』というやりとりをしました。当時はイップスの選手は獲《と》らないというのが球界の常識だったので、いろいろと島袋の現在の状態など細かく聞かれました。たった二日間のトレーニングで島袋の目が変わったのをよく覚えています。『あーこんな感じで投げてました』と嬉《うれ》しそうに言ってました。感覚を少し取り戻したんだと思います」

フォームの見直しを含めた体重移動やグラブ側の手の使い方、ゆっくりとテイクバックする投げ方など、根本から見直した。たった二日間でも少しずつ自分が納得する形を作っていった結果、一年ぶりに勝ち星を手にすることができた。なによりもマウンドに上がることへの不安が小さくなったことに喜びを感じたのだった。

そして、優勝を占う天王山《てんのうざん》とも言える駒澤戦を迎える。漫画や映画ならここで完全復活したピッチングを見せたであろう。

しかし、現実は非情だ。

初回、二者連続ホームランを浴びて3点を献上、そのあとは無得点に抑えたが、6回⅔で降板。駒澤のエース今永にベストピッチングをされ、1対3で試合に負け、島袋は敗戦投手となった。序盤に大量失点をしても終盤で大逆転した、二〇一〇年夏の甲子園準決勝報徳学園戦のようなドラマチックな展開は起こらなかった。それでも最後のシーズンで優勝争いできたことが島袋は何よりも嬉しかった。これが大学最終登板となる。大学通算12勝20敗、登板回数247・2、奪三振225、四死球103、防御率2・73。

秋のシーズンを終え、ドラフト会議の時期が迫っていた。

中央大は巨人とのパイプが太いというのが球界の常識だ。

現巨人二軍監督の阿部慎之助《しんのすけ》、亀井善行（現巨人）、澤村拓一、鍵谷陽平などが中央大出身で、OBでは巨人V9戦士の末次《すえつぐ》利光が長らく一軍守備走塁コーチ、二軍監督、二軍打撃コーチを歴任。末次はフロントでもスカウト部長を務めた経緯もあり、中央大と巨人はもはや蜜月関係となっている。

巨人のドラフトを見ると、二〇一〇年ドラフト2位で宮國椋丞《みやぐにりようすけ》、一三年ドラフト5位平良拳太郎《たいらけんたろう》、一五年ドラフト3位で與那原大剛《よなはらひろたか》と、もしかして沖縄枠を作っているのかと感じさせるような戦略だ。当然、巨人は島袋の獲得も狙っていたはずだ。しかし、島袋がイップスになったということで手を引いたように思えてしまう。あくまでも憶測に過ぎないが……。

高校時代からヤクルト、ロッテが島袋を熱心に追いかけていた。あるパ・リーグ球団関係者によると、

「島袋には股関節が硬いという欠点があり、プロのマウンドは合わないのではないかという懸念材料がありました。さらにイップスとなると……」

島袋の評価は、大学でガタ落ちしてしまった。

「プロ志望届を出すかどうか悩みました。社会人野球チームを持つ企業からもお話があったので就職してからプロを目指そうとも思いました」

島袋にとってはプロで長く活躍することが目標であり、プロ入りは通過点のはずだった。高校時代、プロで投げる自信が完全には持てなかったため、周囲の勧めもあって大学進学を決めた経緯がある。大学で心身ともに成長してプロ入りするのが既定路線だったはずなのに、もはやプロから指名されないかもしれない……。想定外の事態が起こり

そうだった。

いろいろと熟考したうえで、プロ志望届を出した。

秋のリーグ戦は1勝1敗、防御率4・41。完全復調からはほど遠い成績だが、どん底からはなんとか脱していた。

そして、運命の二〇一四年一〇月二三日、グランドプリンスホテル新高輪《しんたかなわ》でドラフト会議が始まった。

中央大学八王子キャンパスのホールには、何台ものテレビカメラ、メディア、さらに野球部員や一般学生たち約二五〇名が集まっている。控え室には島袋とチームメイトの福田将儀《まさよし》が落ち着かない様子で座っている。モニターにはドラフト会場が映し出され、東都大学リーグのライバル、六大学リーグの同級生たちが上位指名で次々と名前が呼ばれていく。そして、福田が楽天3位で指名された。会場がどっと沸く。島袋もチームメイトの指名に笑みを見せる。その後、次々と他の選手たちが指名されていく中で、一向に自分の名前は呼ばれない。

「もしかしたらどこからも指名がないかも……」

ひとり残された感覚が募っていく。4位指名まで終わった。そろそろやばいぞ……不安と焦燥が入り混じる中、

「第5巡選択希望選手　福岡ソフトバンク　島袋洋奨　投手　中央大学」

ホールから「おおおー」という歓声が湧き起こった。その瞬間、島袋は嬉しさという
より安堵《あんど》の表情を浮かべ、目からこぼれ落ちないようにそっと右手の親指で涙を拭った。
「えー本当に、今は安心してというかホッとしました。プロでやっていく自信はありま
す。ステージを設けていただいたので、自分のプレースタイルを貫いて思い切ってやっ
ていきます」
野球部員が総立ちになり、ホールに響き渡るような大きな拍手が送られた。その中で
慶田城だけがひとり座って俯きながら顔をクシャクシャにして号泣している。小学校か
らずっと島袋と一緒で、大学四年間、島袋が苦しんでいた姿を間近で見ていた。それだ
けにドラフト指名された瞬間、堰《せき》を切ったかのように感情が溢れ出したのだ。
控え室で島袋と会った瞬間、二人は抱き合った。
「洋奨、おめでとう」
「開、ありがとう」
二人の間に余計な言葉はいらなかった。

屈辱の三軍スタート

「プロに入ってしまえばドラフトの順位なんか関係ない、とにかくそのステージに上が

ることが大切である」と唱える人もいれば、「ドラフト上位指名は環境から待遇まで特別、だからできるだけ上位順位で入団できたほうがよい」と言う人もいる。どちらが正しいのだろうか。いや、どちらも間違っていない。

島袋洋奨の高校時代、大学時代の新聞、雑誌記事は腐るほどあっても、プロ時代のものはほとんど見つからない。一軍公式戦登板がたった2試合しかないのだから無理もない。あれほどアマチュア球界を盛り上げた男として君臨していたのにこの落差は一体なんなのか……。あらためてプロ野球界の厳しさを痛感させられる。

ソフトバンクのスカウトから入団時に「島袋は大学時代は色々と苦しみましたが、甲子園で春夏連覇した投手です。即戦力どうこうではなく本来彼が持っている能力の高さを考えて指名した」とのコメントが発せられた。大卒であるのに球団からは即戦力として期待されていない。

プロ生活は、当たり前のように三軍スタートで始まった。

「プロになってからもコントロールの悪さは変わらなかったです。三軍からのスタートでした。プロになって心機一転という気持ちにはなれませんでした。一度投げることに不安を持ってしまったおかげで、引退するまで投げることに関して不安は消えなかったです」

投げることへの不安が拭い去れない。脳なのか身体なのか、何が原因かわからないが、どこまでも〝何か〟が自身を蝕《むしば》んでいる感覚だった。

プロ初登板は、野球人生の中で最低最悪だった。

三月二四日に行われた三軍の交流戦対福岡工業大学で7回から登板した島袋はいきなり8球連続ボール、結局1回持たず⅔で被安打3、四球3の6失点。続く二七日の西部ガス戦も7回から登板、1回を被安打3、四死球3で3失点。

三、四月は大学や社会人クラブチームと対戦し登板し続けるも、とにかくストライクが入らない。四月一一日の九州総合スポーツカレッジ戦では1イニングで6四球の大乱調。春夏甲子園優勝投手の栄光が完全に霞《かす》む内容だ。制球が定まらないため、ストライクを取りに行った甘い球を打たれてしまう典型的なダメ投手となってしまった。その後一カ月間、島袋に登板機会は与えられなかった。

だが、ここで終わらないのが島袋洋奨だ。三軍の入来《いりき》祐作《ゆうさく》コーチから丹念に指導を受け、さらに神戸からパフォーマンスドクター松尾祐介を定期的に呼び寄せ、フォームの改善を行った。

「登板できない期間にフォームを徹底的に見直しました。身体を捻って〝タメ〟を作る際、左の股関節を上へ、左の脇腹を下へ押し込んで挟み込むようなイメージで、そこから投げていくことを意識しました。段々と身体に馴染んできたことで調子が上向きになりました」

そして、八月七日のウエスタンリーグ中日戦で二軍戦初登板、9回の1イニング被安打1、18球のうち16球がストレートでMAX147キロを計測。プロ入り当初のノーコンのイメージはもうない。あの甲子園の力強さを彷彿《ほうふつ》とさせる島袋が戻りつつある。二軍戦で1勝1セーブ、防御率2・45の成績を残し、九月下旬、遂《つい》に一軍から声がかかる。

「監督に突然呼ばれて『上（一軍）に行け』って言われたときはもうびっくりして『マジですか!?』ってテンパりました。荷物をまとめて急いで札幌《さっぽろ》ドームに向かいました。札幌では登板せず、その次のアウェーだったマリンスタジアムでのロッテ戦で初めて一軍で投げました」

二〇一五年九月二五日の対千葉ロッテ8回表に三番手で登板を任されたプロ初登板の動画を見せながら、いろいろ質問を投げかけてみることにした。島袋は初登板の動画を見たくないのではという懸念が脳裏をかすめたが、そんなことも言っていられない。各打者に対してその当時の細かい心境を聞いても「フワフワしていてほとんど何も覚えていないです」と返される。パソコンの画面を凝視しているもののどこか物憂げな表情の島袋。

「この初登板よりスピードは引退する最後の年のほうが出てましたよ。四年目が150で、最後の年が149キロくらいは出てましたね」

口調は穏やかだが、スイッチが入ったのか現役さながらの鋭い顔つきに変わってい
く。

「初登板では変化球はツーシーム系だけでスライダーは投げていないんです。この時スライダーを投げられていればもっと楽だったんじゃないかと思います。大学の途中からスライダーは投げられなくなったんです。一昨年《おととし》からやっとスライダーを投げられるようになり、徐々に戻りつつあった感じにはなりました」

その口ぶりは懐かしい思いなど感じさせず、口惜しさだけが残っていた。

結局、ルーキーイヤーは2試合登板、2イニング、被安打1、奪三振2。

島袋のプロ生活において一軍での登板は、この2試合のみだった。

一軍を経験したことを生かし、二年目は飛躍するシーズンにするはずだった。

二軍31試合登板（通算回数65回⅓）、2勝7敗1セーブ、防御率5・51で終わる。

「自分は考えすぎる嫌いがあるので一軍の工藤《くどう》（公康《きみやす》）監督からはとにかくリズム良く投げろと言われてました。自分のタイミングで、1、2、3なのか、1、2の3なのか、とにかく頭で考えずに身体が覚えるまで何回も何回も同じことを繰り返す。それがキチンとしたフォームに繋がるんだぞと言われました」

秋のキャンプでは、ブルペンで工藤公康監督、佐藤義則《さとうよしのり》（元阪急）ピッチングコーチがつきっきりで島袋を指導した。ある時には、意欲的に300球近く投げ、ちょっとお

かしいところがあれば工藤監督、佐藤コーチから丁寧に指導を受けた。それだけ首脳陣の期待が大きかった証拠だ。

シーズン終了後に台湾で行われたウインターリーグに参戦し、8試合3勝1セーブ、防御率2・20の成績を残す。

この時、NPBウエスタン選抜チームに、甲子園春夏連覇メンバーでショートを守っていた、一学年下のオリックスの大城滉二《おおしろこうじ》も選ばれていた。

「久しぶりに島袋さんとまた野球ができて、嬉しかったですね。実は、高校の紅白戦、大学でのオープン戦、プロでも一度も対戦したことがなかったので」

大城は立教大学に進学し、一年春からレギュラーとして通算107安打を放ち、二〇一五年ドラフト3位でオリックスに入団。ルーキーイヤーから一軍で64試合に出場し、二年目からショートのレギュラーをほぼ手中にするなど、着実にプロの階段を上っている。

「高校時代、ショートから島袋さんのピッチングを見ていましたが、コントロールがいいので打球の飛んで来る方向の予測もしやすく凄く守りやすかったですね。とても真面目な方なので、いろいろな人の声を一から十まですべて聞いてしまい、おかしくなったんじゃないかと思います。僕なんか、何を言われても一くらいしか聞きませんから」

プロでレギュラーを張るには、このくらいの豪胆さが必要なのだろうとあらためて知らされた。

島袋は少し目を細めながら、こう述懐する。

「ウインターリーグは一カ月間の長丁場なんですが、準決勝に先発して爆発的に打たれて2回で8点取られました」

打たれた話題しか出てこない。もはや打たれることがひとつの決まりごとだったかのように話す島袋を見て、私はなんだか寂しくなった。

とにかく、一軍でブレイクするための登竜門的なウインターリーグで一定の結果を残したことで、三年目の春季キャンプでは、一軍キャンプに相当するA組に初めて合流する。

島袋はこのチャンスを絶対にものにしようと懸命に練習するが、意に反して身体が縮こまってしまう。

「投内連携やサインプレーがめちゃくちゃ苦手なんです。投内連携はストライクを投げてからホームへダッシュするんですけど、〝ストライク入るかなぁ〟と投げる前から色々と考えてしまうんです。ベテランの川島慶三さんや本多雄一《ほんだゆういち》（現一軍内野守備走塁コーチ）さんから『楽しくないのか！　もっと楽しめ!!』、『顔が引きつっているぞ、おまえ』と声をかけられたりしました。やはり一軍にいる選手は野球を真剣に楽しんでいるなと感じました。高校時代や大学入学直後の頃は投内連携とか好きだったんです。セカンドへの送球なんか、どれだけ低い球で放れるかというゲームのような感覚でやってましたから。いつからか苦手になり、意識して緊張も余計にどんどん増していくって感じでした」

左の森福允彦《もりふくまさひこ》がFAで巨人移籍を決め左投手の枠が空いたため、首脳陣としてはローテーションに入って欲しい願望を含めてのA組抜擢《ばってき》だった。しかし競争に勝ち残れず、一度も一軍で投げることはできなかった。目の前のチャンスを摑《つか》みとれなかった代償は大きかった。今まで痛みで疼《うず》いていた肘を検査した結果、この年の八月下旬に左肘遊離軟骨除去手術、いわゆるネズミ除去の手術をすることになった。

「この年に一度クビになったのは自分にとって衝撃的でした。成績を残してないのでクビにする人員の候補に入っていたのは当然といえば当然です。手術をして投げられないことを考慮してもらい、リハビリも兼ねて育成で残してくれたんですが、一年間だけだろうなと思っていました」

島袋は三年目のオフに支配下登録選手を外され、育成選手契約となった。つまり一旦はクビになり、あらたに育成選手として契約してもらった形だ。背番号は「39」から「143」と三桁となり、大卒四年目の育成選手となれば年齢的にも後がない。

仕切り直しのプロ四年目、二軍で6試合しか投げられず、あとは三軍暮らし。しかし、この四年目から内容とは裏腹に徐々に良くなっている手応えを島袋は感じていた。

一八年一〇月二七日、宮崎フェニックスリーグ、ソフトバンク対ロッテ戦。島袋が先発すると聞いて、同級生の大湾と銘苅圭介《めかるけいすけ》が駆けつけてくれた。

「カッコ良いところを見せようとしましたけど、フォアボールから始まって結局試合をブチ壊してしまいました。友人が見に来るとなれば余計に抑えたい気持ちになるし、結果を見せることが頑張っている証明になると意識して力んでしまったんですかね。こういうことが続くことで気持ちが萎えてしまいましたね」

せっかく応援しに来てくれた人たちにいいピッチングを見せようとしても、結果が出ない。

大湾はこの時のことをしみじみ思い返した。

「ブルペンでの島袋はビュンビュンと力強いボールを投げていました。めっちゃ調子いいじゃんと思ったら、いざマウンドに上がるとフォアボールの連発。バッターが立った状態で投げるとまだ精神的におかしくなるらしいんです。この日の夜、三人で久しぶりに飲んだんですけど、洋奨が『俺、多分今年でクビになるわ』って言うんです。もう気持ちが切れていた感じでしたね」

甲子園春夏連覇メンバー五番ライトの銘苅圭介もこの日のことをよく覚えていた。

「思ったところに投げられていた奴《やつ》が投げられなくなるって苦しいだろうなぁと。ブルペンでは調子が良くてスピードもあったんですが、スムーズに投げられていない印象でしたね。どこがおかしいとかじゃなく、どう思いながら投げているんだろうということを念頭に置いて見てましたね」

久々の旧友との再会で緊張が解けたのか、試合で投げ終えた島袋はもうプロでプレーできないだろうと弱音を吐く。せっかく見に来てもらったのに、不甲斐《ふがい》ない姿しか見せられない自分に嫌気がさし、高校時代からの仲間だからこそ現状の思いを素直に述べた。

この成績では間違いなくクビになると思っていた。しかし予想に反し、球団はもう一年だけ契約してくれた。さすがに背水の陣だということはわかっている。

ダルビッシュ有《ゆう》や田中将大《まさひろ》を育てた名伯楽として名高い、当時のピッチングコーチだった佐藤義則は語る。

「ブルペンで投げると、いい球がアウトコースにバチバチくる。でもバッターが立つとどうにもこうにもならん。コントロールを正すためプレートに対して左足が斜めに入っていたのをきちんと左足をプレートにピタッと揃えるようにした。でも、メンタルの部分はどうにもこうにも……」

佐藤も島袋のことを思い出すと、やるせない気持ちでいっぱいになるという。あれだけの才能を宿した男が、うまく投げられなくなってしまったことに人情派の佐藤は責任を感じていたのだろう。

佐藤が語った話を島袋に伝えると、思いがこみ上げてきたのか悔しい表情を露わにして言う。

「三軍にいちゃいけないとずっと思いながら、なかなか二軍に上がれなくて……。最後の年は気持ちよく楽しく野球をやりたいと思ってやってきた中で、二軍で3試合だけ投げてあとはずっと三軍でした。これだけやって成績が残せず上にあがれないのなら、ここまでかなと思い、決意しました」

昨年（二〇一九年）はプロ生活最後だろうという思いを胸に秘め、楽しんで野球に取り組んだが、結果は残せなかった。

小松大谷高校から二〇一四年ソフトバンク育成3位入団で同期の山下亜文《あもん》は、島袋のことならと喜んで取材に応じてくれた。

「プロの同期で育成を含めて大卒は、袋《ぶくろ》さん（島袋）だけだったんです。高卒組の僕らは中学二年の時に興南が春夏連覇したのをテレビで見ていたので、憧れの人なんです。入寮してから、同期のみんなで袋さんのとこへ挨拶に行きましたから。今まで生きてきて、あんないい人を見たことないです」

ベタ誉《ぼ》めだった。決してお世辞じゃなく、心から言っているのが伝わって来る話しぶりだ。

「三軍から一軍に上がるのは想像以上に難易度が高いんです。まず支配下登録選手になることが、大きな関門です。三軍でほぼ完璧なピッチングを何試合か続けて、やっと二軍に呼ばれます。育成選手で二軍の試合に出られる枠は五人までと決まっています。二軍でタイトルが取れるほどの圧倒的なピッチングを何試合か続けて、ようやく支配下選手に登録されます。そこからまた完璧に抑えるピッチングをさらに何試合か続けないと一軍には呼ばれません。失敗がほとんど許されないんです。最初から支配下登録の選手は、二軍でちょっと活躍すれば一軍の台所事情で上に呼ばれることがあるんですが、僕ら育成選手はほぼ完璧なピッチングをずっと続けていかないと日の目を見られないんです」

育成選手の現状をありありと話してくれた。

「僕は二〇一八年に戦力外となり、トライアウトを受けて二〇一九年巨人の育成選手になりました。昨年、袋さんが巨人相手に投げているのを見たんですけど、ビタビタに決まってましたよ。スピードもあるし、球の伸びもあるし、こんな球を投げられるのになんで野球を辞めたのか今でも不思議です」

二〇一九年九月一六日、ソフトバンク三軍は練習試合で巨人三軍と対戦。先発した島袋は、6回1失点と好投した。不安定なコントロールは影を潜め、低めに制球されたボールで奪三振と内野ゴロでアウトの山を築く。6回まで投げて被安打4、奪三振8、四球1の上々の内容だった。

島袋自身もプロ入り後一番しっくりきていたシーズンが五年目と言っていたほどだ。

でも、時はそうも待ってくれない。

「球団から『明日、事務所に来てくれ』と連絡が入り、この時期に球団の方から連絡が来るのは間違いなくそういうことなんです。〝明日かぁ〟とすんなり受け入れました。連絡が来た時点で、野球は辞めようと決めてましたので」

島袋は穏やかな顔つきで語った。すべてを飲み込んで自分の意思で引き際を決めたのだ。


何度でも触れるが、島袋洋奨を語るときに〝高校からプロに入っていればプロの世界でもっと活躍できたのでは〟と思ってしまう自分がいる。元ヤクルトの広澤克実《ひろさわかつみ》に取材した時のことが忘れられないからだ。

「神宮球場で島袋くんが投げている試合を見たことがあるんですけど、その時の彼は一番苦労している時期でした。1球だけまともなボールを投げたんです。そのボールは、さすが甲子園で春夏連覇するだけはあるなと思うくらい質の良い球でした。江川（卓《すぐる》、元巨人）さんの球質とそっくりでしたね」

あの昭和の怪物江川卓が引き合いに出されるほどの、島袋洋奨が投げる真骨頂のボールとは一体どんなものだったのか!?　人々が島袋が投げる球を表現する時、〝ビタビタ〟、

〝ビュンビュン〟や、〝バチバチ〟と各々違った擬音語を用いていたのが特徴的だった。人間は想像以上のものを目にすると、途端にうまく表現できなくなる。まさに島袋の球がそうだった。

心底、最高のレベルで、あの才能が花開いているところを見たかった。

島袋の引退が報じられた時、皆がこぞって「大学で潰されるくらいなら高校からプロに行くべきだった」という考えを抱いたのは正直な気持ちだと思う。別に誰が何を思おうと自由だからそれはそれでいい。

ただひとつ忘れていやしないだろうか。

甲子園で春夏連覇した二〇一〇年当時、島袋はすぐさまプロ入りするべきだとメディアも含めて誰かが声を大にして言ったことはあっただろうか。唯一、伝説の左腕江夏豊だけが『週刊プレイボーイ』誌上で高卒プロ入りを強く勧めていた。

あのときああすればよかった、こうすればよかったと結果論で物を言うのは簡単だ。自分を棚に上げて物を言えば言うほど、後で自分が惨めになるのにみんなまだ気づいていないようだ。こんな講釈なんてどうでもいいけれど、島袋洋奨のプロ入り時期に対しみんな何かしら一家言を持っているのは、あの春夏がそれだけ鮮烈でインパクトがあったからだ。

プロ野球選手になるためには、高校野球を経てからが基本原則で、高卒、大卒、社会人、そして独立リーグを経由しての四パターンが九割九分九厘を占める。プロ入りが最終目標にせよ、どこを経由してプロ入りするかで人生が大きく変わってくることもある。ただ、こればかりは本人の特性、タイミングもあり、何が正解なのかは誰もわからない。一昔前は、ドラフト上位指名確実な高校生ではない限り、大学、社会人へと行くことが一般的に望ましいとされてきた。ただ有望選手が大学で酷使され、プロ入りしても大した成績をあげていない実情を見ると、高卒でプロ入りするのがベストではないのかという意見も最近は強くなってきている。

我喜屋監督の片腕として辣腕を振るうコーチ兼副部長の砂川太が語る。

「昨年のドラフトでオリックスに1位指名された宮城《みやぎ》大弥《ひろや》なんかは、入学した時からプロに行きたいと言ってましたから。島袋のことがどうこうとかはないと思います」

島袋に、プロ入りする時期についてどう考えているかを聞いてみた。

「プロに行けるチャンスがある時は、それを逃さず早めにプロに行ったほうがいいと思います。僕自身も高校から大学に進学して、四年後にドラフトにかかるかどうかわからなかった経験をしています。環境面でも成長する上でもプロのほうが絶対にいい。大学に行ったことが遠回りしたとは思わないし、大学からプロに行って活躍できなかったというのが僕の人生なんです。後悔はまったくありません」

アスリート本人に〝たられば〟の質問をぶつけるのはタブーとされている。〝たられ

2011年ソフトバンクドラフト1位
の東浜巨は1999年選抜優勝投手。
同じチームさらに郷土の先輩として
2010年甲子園春夏連覇投手の島袋
のことは、何かと気にかけていた

現在の島袋洋奨、27歳。精悍
な顔つきは、沖縄男児とい
うよりもはやモデル張りの
男前。本人の意思さえあれ
ば芸能界もほっとかない!?

ば〃を言ってしまえば無限の可能性を踏まえて語ることができ、誰もがスーパースターになってしまうからだ。自己満足の夢物語を描き、その夢から醒《さ》めたときほど虚《むな》しいものはない。それでも人は〃あのとき……〃と夢想する。現実に戻った時には、その豊かな才能を潰した要因を取り上げ、大いにぼやきまくり、やがて虚しさだけが残る。

島袋が高校からプロに行って活躍していたかどうかは、誰にもわからない。大活躍して今でも現役でいるかもしれないし、三、四年でクビになっていたかもしれない。たらればを言えばきりがない。要は本人がどう捉えているかということが一番の問題である。後悔があるのはまだいい。後悔は後にパワーの源にもなるからだ。ただ未練がましく引きずることが最も始末が悪い。

島袋はきっぱり言った。「大学に行ったことは後悔してないし未練もない」負け惜しみではなく本心だと感じた。

実は、最初の取材で島袋は「春のセンバツが終わった頃まではプロ志望でした」と言っている。その後、翻意したわけだが、高校三年秋口に学校の帰り道で幼馴染の慶田城に「プロからの誘いが来てるって言われたけど、どうしよう?」と相談もしていたそうだ。

実際に高校時代、具体的にプロ野球球団から獲得意思の話があったのか興南の我喜屋優監督に聞いてみると、「プロのスカウトとかは観に来ていたらしいけど、早々と大学進学を決めたので。ん？　プロから話が来た？　中央大の関係者から聞いたのかな？」
と煙《けむ》に巻くような話しぶりだった。

とにかく島袋は高校時プロ入りに対し迷いがあった。その結果、大学進学を希望した。周りからいくら大学進学を勧められようとも、決断するのは己だ。まだ未熟な一八歳での進路選択は、周りの大人たちがより良く導いてあげるべきだという声も確かにある。しかしだ。プロ野球の世界で勝負する者に迷いがある時点で未来はない。絶対に行くんだという強い意志と覚悟があってこそ、プロのステージ、そしてその先が開かれる。

とはいえ、もし高校の時点で誰かが後押ししていれば……、いやダメだダメだ、〝たられば〟は禁句だった。

大学時代に発症したイップスを克服できなかったことは誰のせいでもない。だからといって運命だと割り切るのもやるせない。

くどいようだが、甲子園史に燦然《さんぜん》と輝く記録を残した島袋洋奨がプロの世界でも琉球トルネードで打者をバッタバッタと撫《な》で切っていく姿を、誰もが見たかったはず。

自分の未来を決断するのは己自身だ。そんなことはみんなわかっている。

ただ、まだ一八歳という大人になりきれていない選手たちに対し本当に親身になって、プロなのか大学進学なのかを指導者たちが考えてあげることが重要で必要不可欠だ。大人の都合で選手たちを振り回す権利はどこにもない。とにかく、利権や保身が混じらない大人がアドバイスできるかどうかにかかっている。それができない大人たちは野球界にとって大きな害であり悪だ。即刻、退場してもらいたい。

何度も何度も取材を重ね、最後の最後にプロ入りした時期について本当に後悔がないのかを尋ねてみた。

島袋は、ちょっと笑みを浮かべて言う。

「ただひとつ後悔というか気になっているのは、高校の時点でプロ球団からどのような評価があったのかなぁとはちらっと思います」

最後の最後まで正直に答える島袋洋奨。

だからこそ、余計に思う。

たった一度でいいから、全盛期の島袋がプロのマウンドで投げているのを見てみたかった。

第二章

究極の文武両道
国吉大将・大陸

国吉大将 くによし たいしょう

1992年9月生まれ。沖縄県西原町出身。身長169cm、体重68kg、右投げ左打ち。興南高校では2年秋にセカンドのレギュラーとして秋の県大会、九州大会でチーム一の打率5割を残すも、春の甲子園から三塁コーチャー。早稲田大学卒業後、イギリス留学を経て現在JICA勤務。

国吉大陸 くによし たいりく

1992年9月生まれ。沖縄県西原町出身。身長170cm、体重70kg、右投げ右打ち。中学時代は兄弟で宜野湾ポニーズに所属し、興南高校1年秋からレギュラー、2年春から4季連続甲子園出場。明治大3年時に公認会計士の試験合格。現在、沖縄県内で国吉浩隆税理士事務所所長。

■興南高校時代　大陸　甲子園成績

2010年春		打数	安打	打点	本塁打	四死球	
	関西	5	2	0	0	0	
	智弁和歌山	5	2	0	0	0	
	帝京	4	2	0	0	1	
	大垣日大	4	1	0	0	1	
	日大三	7	2	2	0	0	
通算成績	**5試合**	**25**	**9**	**2**	**0**	**2**	**打率 .360**

2010年夏		打数	安打	打点	本塁打	四死球	
	鳴門	4	2	2	1	1	
	明徳義塾	5	2	0	0	0	
	仙台育英	3	3	1	0	1	
	聖光学院	4	3	0	0	1	
	報徳学園	5	2	0	0	0	
	東海大相模	4	2	0	0	1	
通算成績	**6試合**	**25**	**14**	**3**	**1**	**4**	**打率 .560**

じいちゃんは、双子である僕たちの見分けがつかない。どっちかわからないから呼ぶときは九割五分「大将《たいしょう》！」って呼ぶ。とりあえず長男である兄の名前を呼んでおけばいいって寸法だ。

我喜屋監督も僕らのことをまったく判別できない。大将がミスした後に僕がミスすると、「国吉《くによし》、またおまえか！」と怒鳴られる。「いえ、僕は大陸《たいりく》です」とは口が裂けても言えなかった。これは僕らの区別がつかない監督が悪いと思った。勘違いされることにはもう慣れっこだ。

一緒に登下校をするけど、別に特別仲が良かったわけでもない。だからといって仲が悪かったわけでもない。あえて言えば普通の関係。ただ僕は野球において大将をライバルだとは思ってなかった。

ショートからセカンドにコンバートされた時、セカンドのレギュラーだった大将は「先行けよ」と、一番最初にノックを受けさせてくれた。そこから明確に二人の立場が分かれた気がする。

二人で軽い話はよくしていたけど、深い話はしたことがないし、二人きりで酒を飲みに行ったこともない。大学で野球を続けなかったことをいろんな人になぜかよく聞かれたけど、大将はそれについて一言も聞いてこなかった。

大将と僕は性格が違うとよく言われる。大将は中性的というか、スイッチが入るとよくしゃべって皆を楽しませる。僕は割と無口で我が強く、自分の信念は曲げないし、極力譲らない。その点、大将はいつも僕に譲ってくれた。なんでもかんでも弟の僕のほうを優先してくれる。それは、兄貴だからなのかどうかはわからないんだけれど——。


「文武両道」

単に、巷でよく聞く四字熟語ではない。

アマチュアスポーツをやる者、指導する者にとって永遠の命題である。現代社会において〝文〟と〝武〟が両輪となって成長していくことが、よりバランスのとれた人間形成に寄与する。とどのつまり、今の世の中スポーツバカじゃ生きていけないということだ。

二〇一〇年の興南高校甲子園春夏連覇メンバーを見ると多士済々のキャラクターが揃っていて、その中でも国吉大将・大陸の双子は特に興味深い。

ツインズといえば、かつては、おすぎとピーコ、ザ・たっち、ポップコーン、工藤兄弟と、芸能界の色物ばかりがパッと思い浮かんだ。

スポーツ界のツインズといえば、古くはマラソンの宗《そう》兄弟（茂《しげる》・猛《たけし》）、サッカーの佐藤勇人《ゆうと》・寿人《ひさと》、そしてノルディックスキーの荻原健司《おぎわらけんじ》・次晴《つぎはる》。兄の健司はオリンピックノルディック複合団体で二個の金メダルを取り、九〇年代前半のウインターアスリートで光り輝いていた。

甲子園の一〇一年の長い歴史の中で春夏連覇した高校は七校（うち大阪桐蔭が二回）。夏春連覇した高校が四校。

その中で双子の選手として活躍したのは、興南の国吉大将・大陸しかいない。ちなみに、二〇一〇年夏の決勝で興南と対戦した東海大相模《さがみ》高校にも大城建二（現トヨタ自動車）・卓三《たくみ》（現巨人）のツインズがいた。身長１８７センチの大城ツインズに比べて、国吉ツインズは１７０センチ前後という約20センチも低い小柄ツインズだった。

この大将・大陸のツインズが特筆されるのは、野球も上手くさらに頭脳明晰《ずのうめいせき》だということ。興南の特別進学クラスで常にテストでは一、二番であり、卒業後、大将は早稲田大学社会学部を経てイギリス留学後に独立行政法人ＪＩＣＡ（国際協力機構）に就職。大陸は明治大学商学部へと進学し、大学三年時に合格率10パーセント未満の公認会計士試験をパスしているのだ。

高校時代、マスコミへの露出は弟の大陸のほうが圧倒的に多かった。夏の甲子園通算打率５割６分の「恐怖の一番打者」として大活躍した弟の大陸ばかりがフィーチャーされ、メディアでは国吉大陸・大将と表記されることが多かった。

その後、大陸は明治大学への進学が決まり、高校野球ファンの多くから東京六大学リーグでその雄姿を見るのを期待されていた。しかし、大陸は大学では野球をやらないという驚きの選択に出る。その後、大学三年時に難関の公認会計士試験をパスし、再び脚光を浴びることとなった。

私は国吉兄弟を見ていると、あだち充《みつる》の名作『タッチ』を思い出す。『タッチ』は、上杉達也と和也の双子の兄弟と幼馴染の浅倉南との恋愛模様も描く青春野球漫画だ。弟の和也は野球部のエースで成績優秀で学園のアイドル、兄の達也はちゃらんぽらんな姿を見せつつ、実は和也に劣らない野球の能力の持ち主だった。興南には南ちゃんがいなかったため『タッチ』とまったく同じ状況ではなかったが、弟ばかりが活躍して目立つのは、双子の兄としてどういう思いだったのか、胸の内を知りたかった。だからこそ、まずは先に兄の大将にいろいろと話を聞いていくことにした。

感覚の申し子　兄・大将

ＪＲ中央線の高円寺駅の改札前で待ち合わせをした。家路を急ぐ人々が改札前を往来する中、私は約束の時間よりも三〇分ほど早く到着した。取材において待ち合わせ時間

左が大将で、真ん中が大陸。右は四番の眞榮平大輝。
そりゃ、我喜屋監督も見分けがつかない

右から大将、大陸、福元信太、大城智也

は厳守だ。だから毎回約束の二〇～三〇分前には着いているようにしている。適当に時間を潰して国吉大将の到着を待とうとした時、なんと大将が雑踏に紛れながらすでに立っているではないか。私はてっきり待ち合わせ時間を間違えたのかと思い、急いで駆け寄った。

「すいません。待ちましたか」と言うと、「いえ、僕も今来たばかりです」とにこやかに大将が答える。英国紳士ばりの上質なスーツを身に纏《まと》った大将は、人懐っこい雰囲気を醸し出す。いかにもといったエリートが大の苦手な私は、大将のなんとも言えないほんわかした心地よさが妙にたまらなかった。

とりあえず駅の近くの高円寺純情商店街にある沖縄料理居酒屋に入ることにした。暖《の》簾《れん》をくぐると、沖縄色満載でBGMは沖縄民謡がかかり、沖縄にいるかのような空気が一気に広がった。黄色を基調としたハイビスカスがちりばめられた「かりゆしウエア」を着た女性店員がおしぼりを持って注文を聞きにきた。

「まずはオリオン生で」

大将がこちらに目配せする。

「じゃ、それ二つで」

すぐにキンキンに冷えたオリオンの生ビールが運ばれてくる。

「では、宜《よろ》しくお願いします」

お互いに軽く頭だけでお辞儀をして乾杯し、景気付けにグビッと飲む。

「いやー幸せですね」

飲んでからの大将の一言がまたいい。さらに満面の笑みを浮かべる大将は「明日は午前中半休をとったんで」と言い、なんでも聞いてくださいと言わんばかりに上着を脱いでドンと構えた。今日はかなりの長期戦になるなと、私もブルゾンを脱ぎ捨て臨戦態勢に入った。

「大陸とは小学校までは同等でいた感じでした。中学になって二人とも地元の硬式野球チームの宜野湾ポニーズに入って、中一から大陸がレギュラーになって全国大会まで勝ち進んだ時、双子として先に行かれたと焦りましたね。大陸のほうが成長が早くて、高一でようやく僕も同じくらいの身長になりました。高校の時は、それほど仲が良い関係じゃなかった。クラスも一緒だし、家も通学も部活でもずっと一緒にいるので互いに意識し合ってましたね」

生活環境がずっと一緒のためか知らず知らずに双方が意識し合い、相手に対しライバル心が芽生えていく。双子ならではの当たり前の感情なのだろう。

「双子ってもうひとりの自分がすぐ近くにいるような感覚なので、俯瞰《ふかん》して自分自身のことを見ることができるんです。もうひとりの自分を想像して客観的に見られる人は自己管理能力が高いって言われているじゃないですか。普通の人は頭の中で想像して思い描くんでしょうけど、双子だから思い描かなくとも普通に実体験できるんです。そこはメリットですかね。男同士の双子は大抵ライバル関係となります。環境が同じで逃げ道が少なく、言い訳ができないですからある意味キツイですよ」

なるほど、これは双子じゃないと言えない台詞《せりふ》だ。

「あと、二人とも小さい頃からずっと右打ちだったのを小学校二年時にコーチに勧められて僕だけ左打ちに変えられました。双子って同じ環境だから実験しやすいのがあるんです。今振り返ると、ずっと右で打っていれば……」

つい口惜しさを前面に出す大将。

「松永さんはまだ飲みますよね？　お姉さん、ビール二つ」

大将は、お互いのジョッキが空になったのを見てさらに注文した。

春夏連覇メンバーからこんな話を聞いたことがある。

ショートの大陸がセカンドにコンバートされた時のことだ。我喜屋監督の指示でノック前に一学年下の大城滉二がショートに入り、大陸がセカンドに回された。ここでセカンドのレギュラーだった大将は移動してきた大陸に一番最初にノックを受けるように仕向けた。通常はレギュラーの大将が先に受けるのが普通なのに「おまえ、先にやれよ」と大陸に譲ったのだ。

その時のことを大将は、こう振り返った。

「春のセンバツ甲子園前に大城滉二が守備固めとしてショートに入ってきて、大陸がセカンドにコンバートされました。セカンドを国吉兄弟で争う羽目になったんです。ただ大陸のほうが明らかにバッティングが僕よりいいんですよ。大陸は高校二年からずっと一番バッターなので、バッティングを生かすためのコンバートという流れだったですね。僕としては大陸にレギュラーを取られたというより大城滉二に負けた感じですね。大陸にポジションを譲ること自体、そんなに悔しい思いではなかったですね。中学の時は悔しかったんですけど、高校になって変に意識するのをやめようと思ってました」

当時の大将は過度の嫉妬は醜悪なものだと感じていた。だからフラットでいようと心がけた。

大陸がセカンドにコンバートされた時点で、自分ははじき出されたのだと咄嗟《とっさ》に感じた。頭脳明晰な子は先を読む力もあるため見切りも早いと言われている。

大将は高校一年時に、恥骨の疲労骨折で半年間まともに野球ができない苦しい期間があった。ただ本音の部分では、怪我人だからきつい練習をしなくてもいいかと思ってしまう自分もいた。そういったメンタルの弱さを自分自身で感じ取ってか、高校二年時に野球で上のステージに進むのは無理だと大将は判断した。

「実は中二の時にバントを失敗して右手中指を粉砕骨折したんです。それまでは普通に投げられたんですけど、骨折が治ってから中指が無意識に反応して動くため手投げになってしまったんです。中学はまだなんとかなるんですけど、高校ではうまくいかなかったですね。結局、イップスになってしまって、ごまかしながらやってました。ピッチャーやキャッチャーと違ってセカンドなんでどうにかなるじゃないですか。とは言っても高二の秋の九州大会、緊迫した場面で暴投したんです。そこから投げられなくなりました。秋の大会は八番セカンドで、バッティングの調子が良かったんです。でも守備に安定さを欠く選手はやっぱり使えないですよ。むしろ甲子園で守備に立つのが怖かったので、レギュラーを外された時、正直そこまで悔しいとは感じず、ちょっと安堵感さえありました。でもモヤモヤが残りました。甲子園で活躍したらレギュラーだけ周りからチヤホヤされ、控えはまったく目立たない。想像以上の落差を身を以《もっ》て体験し、かなりの悔しい思いはしました。結局自分のメンタルの弱さで、その場に立っていない歯がゆさがずっと残っただけなんです」

屈託のない表情の大将の口から出る話は、すべて本音だとわかった。思い出した悔しさのせいなのか、ビールが残り少なくなっているジョッキを一気に傾けた。

「メンバーの九人が盤石な状態だったのでレギュラーにはなれないなと思ってました。ってことはプロ野球選手も到底無理なので、だったら大学では勉強しようと決意しました。誰かが怪我をし出番が回ってくる形だとしてもレギュラーになりたいと思うくらいの貪欲さがなかったことが、今となっては僕の反省点です。言い訳して逃げてたんですよね」

目の前の一瞬一瞬に集中すればいいだけなのに、大将はレギュラーになれないことで大学野球、プロ野球の道も諦めざるを得ず、ひとりで気落ちした。そのためか夏前はモチベーションもまったく上がらなかった。

「センバツではたまたま空いていたから三塁コーチャーをやったという感じでした。どの試合も点差をつけて勝っていたのでミスも目立たず、夏の県大会もダラダラと三塁コーチャーをやっていたんです。でも、二回戦浦添高戦に5対0で勝ったんですけど、その試合でランナーへの指示を誤ってホームの3メートルも手前でアウトになるような失態を二回もやったんです。なんとなく感覚だけで指示を出していたんですよね。その日、試合が終わって学校に戻って、自分のためだけに部員一五〇人が練習台のランナーとなって我喜屋監督が三塁コーチャーの手本を示してくれたんです。さすがにもうこれ以上迷惑かけられないと思い、そこから三塁コーチャーを極めようと心を入れ替え努力しました」

レギュラーとして試合には出られない。控えとして準備しながら自分のポジションを見つけた大将は、状況によって三塁コーチャーボックスの立ち位置、見る角度を勉強した。〝壊れた信号機〟から名三塁コーチャーとなったのだ。

「甲子園で優勝したって全然モテないですよ。クラスメイトは男子ばっかりだし、興南の女子はなぜか僕らに興味を示さなかったですね。夏の県大会決勝であたった糸満《いとまん》高校がもし甲子園で優勝したらきっとモテモテでしたよ。あっちは宮國（椋丞）のように背が高くてスラッとした選手が四、五人いましたから。こっちはずんぐりむっくりな体型の奴ばかりですから」

大将は自虐的なネタを言って私を笑わせ、陽気になったおかげかおかわりの注文で来たばかりのなみなみと注《つ》がれているジョッキを勢いよく傾ける。いい飲みっぷりだ。

エンジンもかかり、いいムードになってきたので、甲子園についても大将にあれこれと聞いてみた。

「甲子園に立つっていいですよ。あの雰囲気を経験するかしないかでは全然違う。僕は試合に出たことがないからわからないけど、試合になるとまったく自分たちのペースでプレーできないらしいんです。テレビ中継の時間のことが優先され、もの凄いスピードでゲームが進められます。タイムをかけている暇なんてないですから。なんかやろうとしたら〝早く早く〟と審判に言われます。あれで選手は、大人の世界を知ります。僕たちは大人のために試合をやらされているんだと思いました。大人が本気出したら子どもは単なる操り人形なんだと痛感しました。取材にしても、そりゃ頭のいい報道の記者が何も知らない口下手な高校生に話を聞いたら、いいように書かれますよ。純朴な甲子園球児たちは本気で甲子園を純粋で神聖な場所だと思っています。でも、甲子園での試合や取材を経験すると、球児たちの憧れの思いは半減していくんじゃないかと――」

一八歳といえども、いや一八歳だから大人の動きをよく見ている。彼らの純真な心は、まっすぐに真実を見る力を宿している。だからこそ、大人は迂闊《うかつ》なことができない。

とにかく国吉ツインズの頭の良さについては、同級生から監督、コーチといった首脳陣まで誰ひとり異論がない。我喜屋監督の参謀的存在の真栄田《まえだ》聡《さとし》野球部部長兼コーチに至っては「一体いつ勉強しているのかと思うんですが、二人ともどんな試験でもほぼ満点です。現役では無理だったかもしれませんが、浪人すれば東大進学も可能だったのでは」と言うほど二人の頭脳の良さを強調する。

我喜屋監督も「二人とも現役に拘らず、浪人して東大受験という選択肢もあった。長い人生、一年くらいの浪人なんてどうってことない。あれだけ野球を集中してやったんだから、一年間集中して勉強をやれば二人とも東大に行けただろう」と断言する。

「特進クラスで一番っていっても中身は超スポーツクラスですから。県内トップの進学校のクラスとは訳が違いますよ。中学の時は勉強してましたけど、高校は野球が中心の生活だったんで勉強はやってないです。練習が終わって家に着くのが二〇時過ぎで、二三時には寝てましたから家で勉強したことがないです。その代わり授業をとことん集中して聞いてました。試験前は練習が一八時前に終わるので野球部は学校で二時間勉強してました。試験二週間前の休み時間は僕も大陸もずっと勉強してました」

偏差値70前後の超進学校の野球部員は、練習もきちんとやり、勉強もやる。ただ さすがに一般学生と同じように勉強時間が確保できないため、授業を絶対に疎《おろそ》かにせず、集中して授業時間内に理解する選手が多いという。国吉ツインズも超進学校の選手たちと同じ意識を共有していた。関西学院大学を卒業し、国家公務員として沖縄県内で働いている宮里正人《みやざとまさと》はしみじみと語る。

「同じクラスだったので国吉兄弟の勉強方法を参考にし、あの二人の背中を見て勉強しました。天才じみた双子だったので成績は追いつかなかったですけど、同じように授業内で理解するよう集中しました。浪人すれば二人とも東大に行けたと思います」

頭脳明晰な大将は、進路に関しても他のメンバーとは一線を画している。

「沖縄って平和教育が盛んじゃないですか。幼い頃、図書館に行ってひとりで戦争の本を読んでいることが多かったんです。グロい写真を見て吐きそうになってもずっと見ていたのが変にインプットされたのか、高校生になって紛争解決学を学びたくなったんです。当時放送されていたNHKの『プロフェッショナル　仕事の流儀』に出演していた世界の紛争地の復興、治安改善などを専門にした瀬谷《せや》ルミ子さんが中央大学出身だったので中央大学進学を視野に入れてました。それまでは早稲田に行けるとは思ってなかったです。でも甲子園に優勝したためどこでもAO入試で行けるのではと思い、真剣にいろいろ調べた結果、早稲田で紛争解決学を学べることを知ったんです。当時ＡＯ入試で行けるのは私立だけだったんで国立は諦めました。甲子園春夏連覇というアドバンテージもあるしＡＯ入試でなら大丈夫そうかなと。さらに早稲田は自由な雰囲気で楽しそうだなと思って決めました」

文武両道の選手に言える大きな特徴は、高校生の頃から自分の目標をしっかりと定めていることだ。大半の生徒は成績に応じて大学を決めるものだ。将来の夢を定め、それを実現するために大学を選択する意識を文武両道の選手は自然に宿していることが凄いのだ。

「早稲田の一般入試での合格は、さすがに無理だろうと感じていたんで、ＡＯ入試で受験して合格しました。小論文と面接と内申点で、甲子園春夏連覇を経験して受験した人はあまりいないので面接で有利だったんじゃないかと思います」

おいおいとすぐに突っ込みたくなった。「甲子園春夏連覇はあまりいないので」という表現はおかしすぎる。〝あまりいない〟ではなくて、〝ほとんどいない〟が正確な表現だ。謙遜というより素で言っている大将をなんだか微笑《ほほえ》ましく思った。

甲子園春夏連覇という偉業を最大限に活用し、自分の望むべき進路を決定する。頭の良さは、なにも試験で高得点を取ることばかりじゃない。知恵を使って効率良く行動することも頭の良さが成し得る業だ。

早稲田大学に入学したことで大将の人生が大きく動き出した。

「早稲田では、友だちと一緒に学生団体を作って活動してたんです。大学一年生のときのクラスメイトが、ソマリアのギャングを社会復帰させるためのプロジェクトをやりたいって言い出したんです。そのとき、ある兄妹がソマリア留学生として早稲田に通っていて、彼らの父親がソマリアの元教育大臣だったんです。でもテロで亡くなってしまったんです。ただ父親の関係もあって彼らは人脈が広く、ソマリア、ケニアでＪＩＣＡがやっているようなＮＰＯ団体を運営してました。そのＮＰＯ団体と一緒に組んで新たな団体を作り、大学四年間で大きくして今は国連と一緒に活動しています」

一緒に団体を立ち上げた友だちというのが、永井陽右《ようすけ》である。二〇一八年『Forbes Japan』で三〇歳以下の日本を代表する三〇人に選ばれている次代を担う開拓者だ。現在、ＮＰＯ「アクセプト・インターナショナル」創業者兼代表理事で、大学一年時に「日本ソマリア青年機構」を設立し、二年後に〝ソマリア人若者ギャングの社会復帰プロジェクト〟を開始する。

「彼は、ソマリアの紛争地帯に足を運んで、今は軍に捕まったテロリストたちの脱洗脳のプロジェクトを進めているんです。凄いですよ。一緒にやろうと誘われますが、やっぱり危ないし、怖いし、僕にはその覚悟がまだありません」

〝まだ〟と言った。大将は私の顔を見つめながら話していたが、その目はどこかもっと

左から三番目が盟友永井陽右。ソマリア人若者ギャングの社会復帰プロジェクトの現地で

現在の国吉大将。JICA勤務だけあって責任感溢れる出で立ち

遠くを見ているようだった。

「早稲田大学の社会学部を卒業してから、イギリスのウォーリック大学大学院に留学しました。経済学部に行きたくて、ランキングだとケンブリッジ、オックスフォード、ロンドン・スクール・オブ・エコノミクスの順で、その次にウォーリックだったんです。知名度はないけど、自分の能力と照らし合わせて、そこが適していると思って行きました」

現在、大将はＪＩＣＡに勤務している。社員の三割から四割は東大卒で、ＴＯＥＩＣの点数が８６０点以上ないと入れない超難関の組織である。

「今は南スーダンかパレスチナ勤務を希望しています。大陸には一切理解されないですよ。なんでわざわざ危険を冒してまで行きたいのかと。大陸は地に足が着いてます」

大将の目線が下がり空のジョッキに気がついた途端、「お姉さん、もう二杯ね！」と注文する。

酔いが少し回ったのか沖縄独特の柔らかいイントネーションで次々と言葉が出てきた。

「今振り返ると、東大に行きたかったですね。野球せずに進学校に通っていたら自分が一体どういう道を選んでいたか、見てみたかったです」

甲子園で優勝を経験したメンバーの言葉とは到底思えない。勉強を本当に好きじゃないと言えない本気の言葉だと思った。

私は満を持して弟・大陸が大学在学中に公認会計士試験に合格したことについて聞いてみた。

「公認会計士の凄さはわかんないですけど、試験に受かるための大変さはわかりました。姉と一緒に三人で住んでいたので、朝から晩まで大陸がずっと勉強しているのを見ていました。公認会計士合格は、父親の税理士事務所を継げる形になるという意味でも家族として明るいニュースでした。マジでメチャクチャ勉強してました。大陸は、地頭はないですけど、根性はあると思いますよ。あれは根性の戦いですよ」

心から褒め讃《たた》えた。高校時代から大陸の凄さを間近で見ていた大将だからこその素直な言葉とも言える。

「昔から周りの人に言われていたのは、大陸のほうが繊細な面もあるけど男らしい性格。大学前半まであまり人の気持ちがわからない奴だったんですよ。それまで順風満帆に来てましたから。でも僕がイギリス留学から日本に帰ってきた頃にはしっかりしてましたね。いろいろあったのか知りませんけど」

いつの間にかビールから変わったチューハイグラスを片手に、「キンッ！」と乾杯の音を立て、美味《おい》しそうに喉をゴクゴクと鳴らした。

勤勉な秀才 弟・大陸

年の瀬も押し迫った日曜日のティータイム。

那覇から首里城へと向かう小高い山の中腹に屹立《きつりつ》したリゾートホテルの1Fラウンジにて、国吉大陸と待ち合わせをした。

一二月だというのに、まるで初夏のような暑さの日だった。気温は26度で雲ひとつない快晴。これぞ沖縄、だからこそ沖縄。沖縄には四季がないといわれる。内地（本土）の感覚でいうと、夏夏夏秋といった感じだ。この日は湿度も低く、カラッとして最高に過ごしやすい。

「お待たせしました」

身体にフィットした紺系のTシャツにスポーツタイプのグレーのスエットパンツで現れた国吉大陸。これから高級ジムにでも行くような出で立《いた》ち。隣には新婚の奥さまを従えていて、「妻に送ってもらったついでに挨拶をしたいというものですから」と告げられる。突然のことで私も緊張しながらも失礼のないように挨拶を返す。リゾートホテルのラウンジという空間も手伝ってか、なんだか私もセレブリティになった気分。しかし、アンタッチャブルな世界を好み、常に日陰を堂々と歩いてきた自分にとって、やけに日の当たる世界は眩しすぎて完全アウェーだ。

　つい先日、兄の大将と一緒に夜更けまで飲んで硬い話から柔らかい話までして打ち解け合ったため、同じ顔をした初対面の大陸に対してもフランクに接しようとする自分がいる。「違う違う、大将じゃない、この人は大陸だ」私は何度も何度も自分に言い聞かせた。

身軽なファッションだろうと、大陸が纏っているトーンは誠実そのもの。甲子園春夏連覇の「核弾頭」から大学在学中に公認会計士合格という離れ業をやった大陸の佇《たたず》まいは、まさに非の打ち所のないきらびやかなエリートだ。

「悩みを軽く相談する相手としては、兄の大将が一番適してました。付き合っている友だちも物事に対しての考え方も価値観も一緒で、ただ違う道を歩んでいるだけ。二人だけで飲みに行ったりもしないし、深刻に話し合うこともしません。逆にお互いを知りすぎて意識し合うというか、学生時代は仲悪いわけじゃないけど微妙な距離感でした。興南では三年間ずっと同じクラスだったので、いつも互いに監視されている感じがしました。双子のあるある話で、普通は学校に行くとクラスが別々になるから学校にいる間は相互監視から解放されるって話をよく聞きますが、すごくわかります。違うクラスになって解放されたいと思ったことがありましたね。絶えず見られている感じがして、そこは双子のデメリットかもしれません」

大陸は注文したグレープフルーツジュースをストローで少し吸って喉を潤わせた後、双子ゆえのメリットデメリットを丁寧に話してくれた。ずっと一緒だとお互いに監視されている気分になるというのは、双子ならではの感覚だろう。

「僕にとってのライバルは一学年下の大城滉二だったので、大将に対してライバル意識はなかったです。大将が試合に出ていないから悔しい思いをしているのかなと考える余裕も当時はなかったですね」

大陸の目が真剣になった。双子だからといって、いちいち気にしていられない。強豪興南高校野球部でレギュラーを取るためにはなりふりなんてかまっていられない。

「ただ、小中高と同じ環境で野球を続け、同じ練習量をやってきました。だけど、大将は甲子園で一度も打席には立っていないし、守備機会もゼロ。僕は当たり前のように甲子園に全試合出て60打席くらい立ってますが、社会人になって振り返ると、この経験をしていない大将はどう感じているのかと考えたことはあります」

これまで一定の口調で話していた大陸だったが、大将について述べたことで感情の揺れを見せた。高校時代は何も思わなかったが、高校を卒業してあれから一〇年。すべてが順風満帆に行っていたわけではない。いろいろなことを経験し、人の痛みもわかるようになった。

兄に対し、あの頃どういう思いで野球をしていたのだろうか。今更になって思うこと

夏の甲子園準決勝報徳学園戦、一回表無死一、三塁で我如古の一塁ゴロで
三塁ランナーの国吉大陸が果敢にホームを狙うがタッチアウト

現在の国吉大陸は、昨年末
から沖縄に戻り父親から
税理士事務所を引き継ぐ

だが、今だからこそ思えるようになったのだろう。

人生には必ず分岐点がある。その分岐点での行動や決定を振り返り、時に引きずってしまうのが人間の弱さでもあり、人間らしさでもある。仕事でも恋愛でも振り返るところこぞという決断のシーンが必ずある。あの時なぜこうしなかったんだろう、と後悔ばかりが募る場合もあれば、あの時こうしてたらどうなってたんだろう、と別の人生をふと想像したくなる場合もある。

大陸の人生の中でのターニングポイントを挙げるとすれば、大学進学時に野球を辞めたことではないだろうか。

「よくそのことについて人に聞かれるんですが、自分の中では野球は高校までと決めてました」

大陸は皆が大げさに言うほどのターニングポイントではないと思っているようだ。

「高校二年秋の九州大会準決勝で宮崎県立宮崎工業高校に負けた後に、高校を卒業したら野球は辞めようと決めたんです。それから家でも勉強するようになりました。嫌でも高三の夏には引退しなくちゃいけないし、勝っても負けても引退すれば、いい思い出に変わって絶対にまた野球をやりたくなると思ったんです。そうならないように強く決意したんです。今のこの気持ちを忘れないと心に秘め、絶対に辞めるって決めました。このとき感じた気持ちが間違ってない、正解なんだと感じてましたから」

　この思いを聞いた時に私は正直驚いたというか、舌を巻いた。たかだか一七歳の高校生が、自分の将来のことを見据えてここまで決断できるものなのか。高校二年までにレギュラーで二度の甲子園出場。さらに高校三年春のセンバツ甲子園出場もほぼ確定の状況で、野球は絶対に辞めようと強い意思を持って決断できる。これこそが本物の強靭な精神力というものなのだろう。

「同級生たちは、僕が大学で野球を続けないだろうというのを薄々感じていたと思います。春夏連覇した後、野球を辞めることを周りに言うと、高野連や地元の野球関係者には、野球を続けるべきだと勧められました。でも野球部のみんなは僕の考えをわかってくれていたので、引き留められることもなくスッキリ辞められました」

　甲子園春夏連覇を果たし、特に夏の甲子園では一番バッターとして通算打率5割6分の猛打をふるった。おそらく六大学であれば東大以外の大学は三顧の礼を尽くして大陸のことを迎え入れただろう。最高の結果を残した後では、決断は鈍る。だったら、その前に決意を固める。あっぱれだ。それでも大陸の中には野球に対しまだほんの微《かす》かな気持ちが残っており、野球を続けてもいいかなと揺れ動いた時期があった。でもその揺れた気持ちを完全に消し去ったのは、U－18日本代表に選ばれたことがきっかけとなる。

「高校日本代表に選ばれ、ロサンゼルスでのアメリカチームとの親善試合に一番セカンドで全試合に出させていただいたんですけど、プレーをしていても全然楽しくなかったんです。正直、僕は甲子園を目指す野球が好きだったんです。我喜屋監督がいて、キャプテンの我如古を中心にみんなで勝つためにやる野球が好きだったんです」

大陸から意外な言葉が出てきた。甲子園連覇へのプレッシャーから解放され、同世代のトップ選手が集まっての代表チームは、また違った刺激があって各々が楽しかったと感じている中、大陸だけが面白くなかったという。

「よく覚えているシーンがあって、親善試合2試合目で三振した打席があったんですけど、その時『自分はなにをやってんだろう……』と思ったんです。あの感覚だけは今でも忘れられないです」

日本から5520マイル（8883キロ）離れたアメリカ・ロサンゼルスの澄み切ったドジャーブルーの青空の下、アーバンユースアカデミーとの対戦。天然芝が綺麗に敷かれているボールパークでのプレーは、日本の高校球児たちにとって初めての経験だった。

序盤から日本代表は得点を重ね、4対1の3点リードで回ってきた2打席目、国吉大陸はゆっくりとバッターボックスに入った。イケイケムードの中、ベンチからは「狙え狙え！」、「大陸、初球初球！」、「んだよ、このクソ外人野郎が！」みんな好き勝手なことを言っている。甲子園での特殊な重圧から完全に解放された選手たちは表情豊かに伸

高校日本代表としてアメリカ遠征した際、エンゼルス戦観戦後の松井秀喜との記念撮影。松井の右隣は、後藤駿太（現オリックス）。後藤の前には山田哲人（現ヤクルト）

び伸びとプレーし、ベンチでも皆がはしゃぎながらアメリカでの野球を楽しんでいる。

バッターボックスで慎重に土をならす大陸はなぜか集中しきれていなかった。ピッチャーに立ち向かっていく気持ちが湧き起こらないのだ。

「なんでこのメンバーの中に自分がいるんだろう……」

甲子園ではもちろん、野球をやっていてこんなことを思ったことは一度もなかった。バッターボックスに立ったら余計なことを考えずに、投げられる球をどう打ち返すかに集中するのみだったのに、野球をやって初めて雑念が頭の中を過ぎった。

見逃しでポンポンとストライクを取られ、最後は空振り三振。積極性が身上の大陸が2ストライクまで見逃すこと自体が珍しいことだった。

「もうダメだ、野球をやる気持ちが湧いてこない」

大陸はその瞬間にすべてを悟った。

最終戦が終わった翌日の朝、大陸は高校生になって初めての寝坊をしてしまった。時差を考えずにめざまし時計をセットしていたからだ。興南野球部は沖縄では、監督の我喜屋に日課として毎朝六時に散歩を義務付けられていた。高校日本代表監督として同行した我喜屋は、アメリカの地で日本代表メンバーにも朝の散歩を課していた。寝坊して集合時間に遅れた大陸は、朝の散歩が終わった後、我喜屋に呼び出された。

「国吉、ちょっと来い」

我喜屋の雷が落ちると思い、覚悟して行くと、

「おまえ、大学どうするんだ？」

怒られると思って首をすくめる用意までしていたのに、拍子抜けだった。

「明治大学に進学しようと思ってます」

「野球はどうするつもりだ？」

「野球は辞めます。大学では公認会計士になることを目指します」

反射的に答えると、ジッと大陸の目を見ながら、

「わかった、頑張れ」

それだけ言い残し、我喜屋は踵《きびす》を返した。

「この時のことは、はっきり覚えています。監督にあれだけ試合に使ってもらっていたので、『野球を続けろよ』って言われていたら大学で野球を続けていたと思います。それなのに監督は『わかった』とだけ言い、ポンッと背中を押してもらいました。本当にありがたいと思うし、監督は凄い方だと思います」

大陸は我喜屋に対して心から感謝していた。いくら自分の将来といえども、恩義を感じている監督に言われたことを無下に断るわけにはいかない。一年秋からショートで使われ、三年春のセンバツ前にセカンドにコンバートされてもレギュラー一番で起用され続け、春夏連覇を達成。それもこれも我喜屋監督のおかげだと心から思っている。その

監督から一言も野球を続けろとは言われず、むしろ背中を押してくれた。

「明治大学に進学すると決めた以上、野球に未練があってはいけないと思いました。それはチームメイトの眞榮平《まえひら》が身近にいたことも関係しています。明治に進学することが決まっていた眞榮平の野球に向かう姿勢を見て、続けるか続けないか迷っていること自体、申し訳ないなという思いがありました。僕らの世代の明治は最終学年で大学日本一を果たした黄金世代なんですけど、夏の甲子園の開会式の会場でも開星の糸原《いとはら》（健斗《けんと》、明治—JX‐ENEOS—現阪神）や広陵の福田（周平、明治—NTT東日本—現オリックス）に『野球続けないの？』って聞かれました。同級生がプロや大学で続けていて、ひとりだけやらないのは絶対に後悔するんだろうなという思いもありました。でも、こんな中途半端な気持ちでやれるほど大学野球は甘くない。ましてや、あの明治がこんな気持ちを持った選手を受け入れはしないと思ったので辞める決断になりました」

いくら意思が強い大陸であろうと、メンバーたちが次々と六大学、東都リーグの名門に入学が決まり、食指が動かないわけがない。しかし、学校の指定校推薦で明治に行くことが決まったことで、大陸の決意は揺るぎないものとなる。

春のセンバツ優勝校のレギュラーともなれば、大抵五、六月には進路が決定する。全国の有望選手も夏の甲子園前には大抵進学先が決まる。開星の糸原や広陵の福田が、大陸がどうするのかを聞きに来るのも別に不思議でもなんでもない。

「僕は怪我も多かったんで野球がそんなに好きじゃなかった。高校野球が大好きだったんです。甲子園に行くのが夢だったんで、甲子園が終わった後、それ以上やるモチベーションはなかったです。頑張って社会人野球をやるとか、頑張ってプロに行って活躍しようというのは考えられなかったです」

自分で納得して野球を辞めたはずなのに、大陸が熱を込めて話せば話すほど、野球を続けなかった理由を探しているかのように私には見えた。

世代ナンバーワン　山田哲人

いつからだろう、○○世代と呼ぶようになったのは。

世間的には〝団塊の世代〟が最初なのかもしれない。野球界では一九九八年の横浜高校甲子園春夏連覇のエース〝平成の怪物〟松坂大輔にちなんで「松坂世代」という言葉が広く認知され、○○世代という言葉がトレンドとなった。

二〇〇六年夏の甲子園決勝、早稲田実業対駒大苫小牧《とまこまい》延長15回の末引き分け、翌日の再試合を制した早稲田実業・斎藤佑樹がマウンド上で薄いブルーのハンカチで汗を拭いていたことで、その世代を「ハンカチ世代」と呼んだ。田中将大、坂本勇人《はやと》（現巨人）、前田健太（現ツインズ）、柳田《やなぎた》悠岐《ゆうき》（現ソフトバンク）、秋山翔吾《しょうご》（現レッズ）など国内メジャー問わず第一線級で活躍した選手が数多くいる。ただ、いかんせん、本家である斎藤の活躍度がイマイチのため、今では生まれた年にちなんで八八年組と呼ばれている。

では、二〇一〇年興南春夏連覇の世代はどうなんだろうか。生まれ年にちなんで一九九二年世代と呼ばれ、有原航平《ありはらこうへい》（現日本ハム）、西川遥輝、山﨑康晃、千賀滉大など時代を担うスター級の選手たちがいる中で間違いなく筆頭に挙げられるのは、山田哲人。二〇一〇年ドラフト1位でヤクルトに入団し、日本人右打者シーズン最多安打記録保持、史上初の本塁打王と盗塁王の同時獲得、史上初のトリプルスリー複数回達成（三回）と、日本プロ野球界史に残る選手に成長。今季の年俸はセリーグ選手で最高額の五億円だ。

そんな球界を代表するスーパースター山田哲人の存在が、あるひとりの男の運命を変えた。大上段に記したが、稀《まれ》にそういうことがあるものだ。小学校、中学校でその地区の有名人として鳴り物入りで高校に進むと化け物みたいな選手に出くわし、自分の本当の実力を知り、描いていた夢が打ち砕かれることがある。頻繁にあることだ。大したことじゃない。

〝昭和の怪物〟江川卓が、高校進学時に二転三転したおかげでたくさんの人の人生が狂ったと言われる。当初江川が入学する予定だった小山《おやま》高校に地元の中学校の有力選手が例年よりも数多く入学した。もちろん、江川が入学する予定であることを聞きつけたからだ。しかし、結局江川は小山高校ではなくて作新学院に入学する。一方、江川が小山高校に進むと思って作新に入ったピッチャー志望の新入生たちは、入学式に江川がいるのを見て「おいおい、どうなってるんだ⁉」と頭を抱えたという。ひとりのとてつもない才能が周りを振り回してしまうケースはよくあること。

優勝チームの興南から二〇一〇年高校日本代表に選ばれたのは、島袋洋奨、山川大輔《だいすけ》（現沖縄電力）、眞榮平大輝《だいき》、我如古盛次《もりつぐ》、国吉大陸の五人。準優勝の東海大相模からは三人、報徳学園からは二人、あとは、各高校から一人ずつといった布陣。その中に、履正社の山田哲人もいた。

このアメリカ遠征で、山田は興南メンバーと妙に気が合い、プライベートの時間は大陸とずっと一緒にいた。

「山田のプレーを見て、180センチも身長があって、足も僕より速くて、バッティングもいい、メンタルも強い、上には上がいると思ったのは確かです。当時、山田がドラフト1位にかかるかもしれないと噂《うわさ》されていた。僕からしたら山田みたいな選手がプロには何十人もいて、山田ですら二軍で苦労するんだろうなと思っていました。あの時、山田が将来球界を代表するどころかプロ野球史に名を残す選手になるとわかっていたら、気持ちもちょっと変わっていたかもしれません。多少の差ではなく、走塁・守備・打撃とも圧倒的な差がありましたから」

高校時代、甲子園に出場するまでは山田哲人は全国から注目を集める選手ではなかった。二〇一〇年夏の甲子園三回戦の聖光学院戦で歳内宏明《さいうちひろあき》(元阪神)からホームランを打ってから俄然《がぜん》注目されるようになった。関西では有名だったかもしれないが、いわばポッと出の選手のイメージが強かった。甲子園春夏連覇チームメンバーからしたら、どんなもんやろなと軽い感じで見ていた。それが、軽く振っているのにポンポンと柵越え。足も速く、守備も華麗で肩が強い。とてつもなくスケールの大きい三拍子揃った選手だった。

「大城にしても一歩飛び抜けているものがあり、守備では絶対に勝てなかった。なんでこんな打球を捕れるんだろうという球を軽く捕って、ファーストにストライク送球する。難しいハーフバウンドも詰まらずにスムーズに捕るんです。絶対に後ろに逸らさない。天性の才能だと思います」

スイッチが入ったのか、大陸はショートのレギュラーを取られた一学年下の、後にオリックスに入団する大城滉二についても熱く語り始める。

「今でも覚えているのが、一年生の大城がショートに入ってきて1発目のノックでピッと捕ってファーストへ投げるのを見て、ゾクゾクッと血の気が引いたんです。こんな感覚になったのは同じショートを守っていた僕だけだと思います。当時、僕が二年の春夏の甲子園でショートのレギュラーとして出場していたので、よっぽどのことがなければそのままレギュラーじゃないですか。なので焦ってもいなかったんですけど、大城の守備を見たら、こりゃやばいって思いました。でも紅白戦での打席を見ると内野の頭を超えないんですよね。打っても打ってもセカンドゴロだったんで、バッティングはまだまだと思いました。でも、あのゾクゾクと感じた守備の上手さの直感は今思えば当たってたんですよね。プロに行く選手は、努力じゃ敵《かな》わない異次元なものを持っているんだとあらためて思います」

大陸は、自分もちょっとはイケるかなと思っていた時期に大城のプレーを見て鼻っ柱を折られたような気分だった。

「たとえ、野球を続けていても大学までで絶対に野球を辞めています。僕はプロでやれる選手ではなかったです」

高校一年時は自分の可能性に賭けて行けるとこまで行きたいと考えていた。しかし、早々に見切りをつけた。その考えは間違っていないと今も確信している。

今まで冷静に話を進めていたのが、この時だけは大陸は平静を装いつつも、一瞬物憂げな表情を見せた。かと思うと、すぐにかき消すかのようにニコリと笑いながら残り少ないジュースに突き刺さっているストローに口をつけた。

公認会計士への苦難の道のり

「心が折れかけたことは何回もありました」

思い掛けない言葉だった。大陸の性格であれば、決断した以上何の迷いもなく一心不乱に勉強し、公認会計士試験合格まで一気に突き進んだのだろうと予測していただけに、意外だった。

「受験勉強をしたことがなかったので、試験勉強のテクニックがわからなかったんです」

公立の中学から興南高校、明治大学とすべて推薦で入学した大陸にとって大きな問題があった。いくら勉強が好きで学校の成績が一番だろうと、今まで受験したことがないため受験に対する心構えがよくわかっていなかったのだ。

医師・弁護士・公認会計士と国家三大資格のひとつにあげられる公認会計士の試験は、「誰でも受けられる試験」と呼ばれている。通常、医師は大学医学部、弁護士はロースクールに通った者に受験資格が与えられることが一般的で、医師、弁護士になるまでには多額の費用と時間がかかる。一方で公認会計士試験は、大学や学部を問わず、年齢制限なしで誰でも受験できる。ただ難点としては、医師や弁護士よりもさらに合格率が低いことだ。

「野球に打ち込んでいる時よりきつかったです。会計士を目指すので野球を辞めますと言った手前、簡単には諦められない。父親が税理士なので頑張って勉強すればなんとかなるだろうと楽観的に考えてました。でも、予想以上の努力が必要だとわかり、在学中に受からないんじゃないかと不安になりました。受かる前提で取材を受けて『会計士になります』と豪語したことがプレッシャーになって、受からなかったら何の仕事をしようかとも考えてました。最初の一年間は、受かる自信が全然なくて、この時が一番辛《つら》くて怖かったです」

大学の野球部からの勧誘を断り、野球の道を捨て自ら指定校推薦で進学した大陸は、是が非でも公認会計士にならなければ格好がつかない。プレッシャーが重くのしかかる。

「野球をやっている時は、自信を失うことがなかったので余計に辛かったです。勉強をやったらどれくらい伸びるかがまったく予想がつかなかった。模試で悪い点数が続くと〝もう無理だな〟と何度も思いました」

いくら甲子園という大舞台を経験していても、まったくの畑違いである勉強の分野では太刀《たち》打ちできない。それでもやるしかない。なんとかして自分を奮い立たせるしかなかった。

「監督に後押ししてもらったことを思い出しながら、もう根性で勉強を続けるしかなかったです。受かったら報告する人の名前を手帳に書いていたんです。受かってその人たちに報告する自分を想像しながらモチベーションを上げていきました」

遂に〝根性〟という単語が出た。甲子園を目指して興南野球部の苦しい練習に耐えてきた三年間の糧《かて》により〝自信〟という名のエンジンを身体に積み込み、そのエンジンを動かす燃料は〝根性〟だった。野球でも技術が格段に向上し、近代野球理論においても効率化とスリム化が叫ばれる中、日々の苦しい練習を耐えられる要素は技術やセンスではない。やっぱり最後は根性しかないのだ。

「公認会計士試験に受かるのに必要なのは根性です。稀に天才的な人がいて、三カ月くらいの勉強で受かる東大医学部に通うような人たちが一定数いるのは確かです。そういう人種は別として、頭が良い悪いではなく、公認会計士の試験って頭脳が必要というより、足し算引き算だったり法律を覚える暗記だったりが中心なので特別難解ではないんです。ただ覚えることが膨大な量なんです。記憶力は必要ですが、それは何回も何回も頭に叩き込めば身につくじゃないですか。諦めなければ絶対に受かるんです。重要なことは、必要な情報をいかに短期間で頭に叩き込めるかです。この過程でみんな心が折れます。諦めずに量をこなしつつ、本番で力を出せれば十分に合格に手が届く試験です」

公認会計士試験の難易度を高めている要因は「試験科目の多さと、必要な学習量の膨大さ」にある。短答式試験を四科目、論文式試験を六科目の合計一〇科目を一度に受験するため、複数科目を同時並行で学習しなければならない。そのため必然的に勉強時間が多くなり、一般的に短答式試験合格までに一五〇〇時間、論文式試験合格には一〇〇〇時間、トータルで二五〇〇時間が最低限必要と言われている。学習期間としては、一・五年〜二年を目安に設定するのが一般的だ。

「僕は二〇一三年に受かったんですけど、その年の合格率が8・9パーセント、前年が7・5パーセント。この約1・5パーセントが大きいんです」

わずかながら合格率が上がったことが、大陸の合格不合格に大きく影響を与えたと言っても過言ではない。

「周りの学生でちょっと読んだだけでその内容をすぐ暗記できる人がいるのを見て羨ましいなと思ったりもしました。ただ、それは自分には無理だとわかったので自分なりに考えたんです。会計士受験生の中で日本一勉強をしたら前年の合格率7・5パーセントには入るのではないか。効率良くやって最短で受かることがスマートだと思うんですけど、僕にはそれができなかった。僕のやり方はちょっと参考にならないと思いますけど」

サラッと言う大陸の目には自信に満ちた強い光が宿っていた。口で言うのは簡単だ。これがどれだけ気の遠くなる作業か。だが大陸は合格するまでの約二年半、一日も欠かさず勉強してきた。

一日のスケジュールはざっとこうだ。

毎朝六時に起き、七時から九時まで予備校で答練（答案練習会……オリジナルの本試験予想問題の試験を受けること）、または自習し、それから学校に行く。授業以外は明治大学の経営研究所に籠《こも》って勉強し、夜は再び予備校に行く。帰宅は大体二二時頃で、そこから予習復習をして〇時か一時に就寝する。食事と風呂、就寝時間以外はすべて勉強にあてた。それを二年半の間、繰り返した。

「体力だけは自信があったんですが、脳疲労は野球をして感じる疲労とまた違うものです。予備校が西新宿副都心の高層タワーの25Fにあったので、疲れたとき外の景色を見て遠くを眺めていました。大学二年生の頃は飲みの誘いを断るのがきつかったですね。外の景色を見ると歌舞伎町《かぶきちょう》の光が見え、『あーあそこでみんなが飲んでいるのか』って思ったりしてましたね」

大陸は、とにかくガムシャラに勉強をし続けていた。休憩もあまり取らずぶっ通しで勉強をし続ける力技をひたすら続けた。興南野球部メンバー恒例の月一回の飲み会や大学の友だちからの誘いを断り続ける難しさ、その誘惑に打ち勝つための秘策があるのかを聞いてみると、意外な答えが返ってきた。

「これは双子であることのメリットなんですけど、飲み会は双子のどっちかが行けば、なんとなくいつでも顔を出しているように思われるんです。普通、断り続けると付き合いが悪い奴に思われますけど、どっちかが行けば大丈夫なんです。たまに顔出せば『この間も来てたよな』って感じになるんですよ」

確かに、私も同じような感覚を味わった。大将と一九時から朝方の四時頃までガッツリ飲みながらしっかり話をしたせいか、初対面の大陸に取材しているのになぜか初対面であることを忘れてしまう。むしろ、大陸とはこの前かなりしっかり話したよなという気分になった。言われてみれば納得できる双子あるある話だ。やはりメリットのほうが格段に多いと感じる双子に、どこか憧れを抱いてしまうのであった。

大原学園専門学校新宿校の平澤沙安梨専任講師が大陸について感慨深く語ってくれた。

「最初にびっくりしたのは国吉くんが一年間で公認会計士試験に受かるためのコースを受講したことです。大丈夫かなと心配していたんですが……。一年で受かるためには、大学一年の一二月で短答式試験に合格し、大学二年の八月の論文式試験に合格するというのが最短なんです。さすがにそれは無理だったので、大学二年の一二月で短答式試験、大学三年の八月の論文式試験に合格するようにプランを立て直してました。私は野球をまったく知らないので、甲子園春夏連覇の国吉大陸がうちに通っていると言ったら他の先生方は驚いてましたね。国吉くんが大学三年時に公認会計士試験に合格したことで、明治の学生が次々と在学中に合格するようになりましたね。それだけ彼の影響は大きかったです」

かつては公認会計士試験は大学在学中に合格するのは困難と言われていたが、大陸が大学三年時に合格したことで、後に続くように明治の学生が在学中に合格するようになっていった。日本人が長らく破ることができなかった100メートル10秒の壁を、二〇一七年に桐生祥秀《きりゅうよしひで》が日本人初となる9・98秒で破ると、途端にサニブラウン・ハキーム、小池裕貴《ゆうき》も9秒台を出したことと同じだ。夏の甲子園恐怖の一番バッター国吉大陸は公認会計士試験においても、持ち前の突破力を見せ、後続に繋げていった。

四浪して国立大歯学部合格

興南メンバーの中で国吉ツインズ以外にもうひとり文武両道を歩んだ、いや歩んでいる選手がいる。

名嘉真武人《なかまたけと》。現在長崎大学歯学部五年生。なんと四浪して二〇一五年に国立大学の歯学部に入学したのだ。過去の甲子園連覇ベンチ入りメンバーで、四浪して国立大学の歯学部に入った選手などひとりもいない。ちなみに実家は名護市で歯科医院を経営しており、地元の名士でもある。

「軟式野球をやっていたんですけど、中学二年の時に県大会で優勝したんです。その縁もあって興南へ進学しました。親は地元の名護高校に行って勉強と野球を両立したほうがいいのではないかと言っていました。でも、どうしても野球で勝負したいという気持ちを伝え、興南に行かせてもらいました」

ポジションはキャッチャーでベンチ入りを果たし、県大会、甲子園を通じて控えのキャッチャーとしてブルペンで島袋の球を受けていた。

「高二の夏の甲子園で明豊《めいほう》戦のボールボーイを任されたんです。間近で明豊の今宮（健太、現ソフトバンク）のバッティングを見たり、スタンドから花巻東の菊池雄星《きくちゆうせい》（現マリナーズ）の投球をこの目で見た時に、こんな凄い人たちがゴロゴロいて、その中でもプロで活躍するのは一握りなんだと痛感しました。だったら勉強で上に進みたいと強く思いました。この時、親から勉強も野球も両立してやればいいと言われたことの意味に初めて気づきました」

甲子園に出場する全国の猛者《もさ》と自分とを篩《ふるい》に掛けられたら、自分は簡単に落とされるだろう。攀《よ》じ登れないほどのあまりに高い壁を目の前にして名嘉真は決断をする。勉強で上に行こうと。

「現役の時は公立の九州歯科大学をＡＯ入試で受けました。初めてのセンター試験は点数を気にするより場慣れのためという意識で受けました。高校三年間はまったく勉強してないので、親も二、三浪でも最終的に合格すればいいからと言ってくれました。最初は医学部志望でした」

精悍な顔つきの名嘉真はしっかりとした口調で答える。高校時代は寮に入った。練習は二〇時頃に終わり、それから食事、風呂、洗濯を済ませ、完全消灯は二三時。勉強する時間がまったくなく、三年の夏の引退から受験態勢に入るといった感じだった。

一浪目はまず基礎学習を理解するための一年間でもあり、ほぼマンツーマンで教えてくれる塾に通った。

「一浪目は基礎学習を習っていたもののまだ手探り状態です。二浪目になって知識が定着し、三浪目でやっとイケるかなって感じでした。国立の医学部か歯学部しか考えてませんでした。だから滑り止めも受けませんでした」

国公立の医学部は全都道府県にあるが、国公立の歯学部になると全国に一二校しかない。

三浪目に受験した鹿児島大学歯学部は手応えがあったが、桜は咲かなかった。四浪目に突入した時は「さすがに五浪はないな、これで最後だな」崖っぷちに立たされた。

三浪目は手応えがあったというのを聞くと、浪人三年間で高校三年間の勉強を取り戻した感じだ。つまり四浪と言っても実質一浪と同じだ。でも世間はそうは思ってくれない。四浪はどこからどう見ても四浪だ。地元で浪人していると、当然同級生からの飲みの誘いがある。

「大陸が大学に通いながらも公認会計士試験に向けて一心不乱に勉強していることを聞

いていたので、僕も誘惑に引っ張られそうになってもなんとか我慢できました。大陸とは、お互い連絡し合って励まし合ってましたね。『おまえ、そんなに勉強してんの？』ってびっくりしたこともあります。沖縄と違って東京は誘惑がむちゃくちゃあるのに、それだけ集中して勉強していることに凄いと思いました。大陸が僕の大学合格よりも先に公認会計士に受かったと聞いたときは、素直に喜びました。嫉妬もなく、少し焦りはありましたが、本当に凄いと思いました」

同級生が大学卒業するのとちょうど入れ替わりのタイミングで、名嘉真は長崎大学に入学する。四浪という気の遠くなる時間に名嘉真は「本当、興南の同級生たちには助けられました」と感謝の念を忘れていない。

名嘉真と大陸は立場が違えど、寝食を忘れてそれこそ血の滲む思いで勉強してきた。その努力と苦しみは二人にしかわからない。でも、ともに合格した喜びはきっと皆で分かち合えたはずだ。「文武両道」を貫いた選手として国吉ツインズばかりが取りざたされていたが、四浪までしてでも国立大学歯学部に合格した名嘉真武人にあらためて脱帽せざるを得ない。

大陸は、公認会計士の業務の傍ら、千葉県立幕張《まくはり》総合高校野球部の臨時コーチを一時期請け負っていた。柳田大輔監督は、感心した様子で話す。

「やっぱりかつての甲子園のスター選手が指導してくれると、選手たちの目の色が変わりますね。生徒たちは、大陸が大学で野球を辞めていたことを知らなかったらしく、なぜ大学で野球を続けなかったのかを不思議そうに尋ねていた場面が印象的でした。でも国吉さんが来て大学での話をしてくれたおかげで、日大に進学しているOBがこういう生き方もあるんだといい意味で感化されたらしいんです。そのOBは一念発起して在学中に公認会計士試験に受かったんで、勉強がそんなできるタイプじゃなかったんで、まさかと思いました。国吉さんの影響力は本当に大きいと思います」

土日のみにしか練習を見に行けなかったが、大陸の指導に選手たちはしっかりと耳を傾けていた。千葉県下でも公立の進学校として躍進中なだけに、余計に国吉の言葉がすっと入ったのかもしれない。

また、かつての公認会計士としてのクライアントだった株式会社アイムユニバースの藍川眞樹《あいかわまさき》代表取締役にも話を聞いた。

「国吉先生は、真面目で一本気な方です。それでいてユーモアのある会話もできてバランスの取れた方だなと思いました。私も野球をやっていましたので、春夏甲子園連覇を経験した方がうちの会社の顧問会計士になってくださり光栄だと思ってます」

誰に聞いても評判が良く、非の打ち所がないとはこのことだ。大きな挫折もなく順風満帆に自分の人生を歩んでいる大陸は人からも好かれ、人間として欠点が見当たらないほど完成されている。強いて言えば少し背が小さいくらいか。

いつの間にか氷だけとなったグラスを何気なく見つめている大陸に「何か他の飲み物をいかがですか？」と促しても「いえ、大丈夫です」と断りながらストローに口を付ける。なんだか落ち着かない様子に思えた。短時間ですべてを曝《さら》け出せるはずはないものの、何か思い残したような面持ちだ。

そろそろだと思い、大将から聞きだした弟・大陸に対して思っていることを本人に投げかけてみた。

「そういえば大将さんは、大陸が公認会計士になってくれて心から良かった、家族のためにも嬉しいことだし、ありがとうって言ってましたよ」と伝えると、大陸は「えっ！」と少し驚き、それまでになく急ぐように口を開く。

「双子なんでどちらかが父親の税理士事務所を継がなくてはなりません。僕が会計士を目指した時に、本人に聞きはしませんでしたが、大将も会計士になりたいのかなと思ったりもしました。もしなりたい気持ちがあったのなら申し訳ないなと。母親も気にしていて、大陸が目指すのなら大将も一緒に目指せばいいんじゃない？って大将に伝えたらしいんですけど、そんなの興味ないって大将は言ったらしいんです。大将は、なにもかも僕に全部譲るんです。僕のほうが我が強いというか、譲らないタイプなんです。大将は全部譲ってくれるタイプなんで……」

大陸は、すべてわかっていた。ショートからセカンドにコンバートされた時も、いついかなる時も兄の大将が自分に譲ってくれていることを。だから会計士になることを譲ってくれたのかもしれないと思っていた。だからといって性格上、大陸は自分の信念は曲げられない。人伝《ひとづ》てでも、大将の真意が聞けて大陸は少し安堵した様子だった。

大陸は都内の税理士法人で業務に携わった後、二〇一九年末に父の事務所を継ぐために沖縄に戻った。

「公認会計士試験に合格したら甲子園で優勝した時のような達成感があると思ってたんですが、全然足りなくて。もう一度、故郷の沖縄であれくらい大きいことをやってみたいんです。甲子園春夏連覇した僕だからこそできるようなビジネスがしたい。沖縄は今、基地問題とかいろいろありますけど、それらが片付けば、まだまだ経済的に発展できる。自分が四〇代になったときに、その中心になって沖縄に恩返しができたらいいなと思います」

沖縄の歴史を変えた「恐怖の一番打者」。その胸にともる情熱の炎は、まだまだ燃え盛っている。

兄の大将と弟の大陸。一卵性双生児ということで、これぞ瓜《うり》ふたつというくらい似ている。

野球部メンバーに言わせると、二人はまったく似てないからすぐ見分けがつくという。興南で大将・大陸の見分けがつかないのは、我喜屋監督だけだと。やっぱりそうなのかと、心の中でほくそ笑んだ。

「高校時代、試合に出られなくて悔しいのかなと思って大将を見ると、そんなに悔しそうではないんですよね。でも、それは周りには悔しさを見せないようにしていたんですかね。野球を続けていけばいずれプロ野球を頂点としたピラミッドから振り落とされていきます。大将は一回挫折を味わっていることで僕より先に大人になっています」

大陸は、今更ながら高校時代の大将が本当はどう思っていたのかをふと知りたくなった様子だった。感傷に浸ったわけではない。気づいたからだ。なんだかんだで、大将がやっぱり兄で、自分は弟だということを。

よく聞くのが、双子はどちらが上とか下とかという意識がほとんどないということだ。それは年子の兄弟でも同じで、特に弟のほうが自分を弟であると思わず、兄と同じ感覚でいたいという。大陸は高校を卒業して一〇年経った今だからこそ、冷静かつ客観的に判断し自分の中で咀嚼《そしゃく》できるようになった。

大陸は猪突猛進《ちょとつもうしん》で野球をやってきて、四季連続甲子園に出場し、二〇一〇年甲子園春夏連覇チームの核弾頭として大活躍した。多くの大学から誘われたがそのすべてを断り、夢であった公認会計士を目指し、大学在学中に難関の公認会計士試験に受かった。

一方、兄の大将は高校時代の怪我のため出遅れ、高二秋の新チームで九州大会までレギュラーだったが、春のセンバツ甲子園で外され控えとなった。大学時代は、予《か》て《ね》から興味のあった紛争解決のサークルを立ち上げ、イギリス留学した後、JICAに就職し将来的には海外勤務する予定だ。

どちらの人生も普通の人には真似《まね》できないかもしれない。

兄の大将は弟の大陸のことを自然に慮《おもんぱか》って行動していたのではないだろうか。大将は柔軟な考え方ができ、いかようにも対応ができる。大陸は頑固でこうと決めたらテコでも動かない。優しい大将から見たら大陸は不器用に思え、大陸がやろうとしたことを結果的に全部アシストしてあげた。

陽気な大将、真面目な大陸。

正反対に見えるようで実はそうではなく、高校時代、一歩引いていた大将がいたから大陸が光り輝いた。大陸がずっと陽《ひ》のあたる場所にいる中で、大将はひっそりと自分の世界観を構築し、今ようやくリミッターを外そうとしている。

甲子園で大活躍し、地元に戻って真面目に堅実な道を歩む大陸と、グローバルな視点で物を見て世界へ羽ばたこうとする大将。

文武両道を絵に描いたような二人だが、別に誰かから押し付けられて勉強したわけでもなく、絶対に野球をやらなければいけない環境でもなかった。

全部、自分自身の意思で行動し、自分の思いで未来を切り開いていった。

兄の大将は弟の大陸をいつもどこかで気にかけていたが、ある程度の時点で吹っ切った。

弟の大陸は兄の大将のことをあまり気にかけず、わき目も振らず自分の道を貫いた。

それでいいのだ。

どちらがいい、悪いとかではなく、兄弟の絆《きずな》を大事にしながら各々のフィールドで悔いのない勝負を挑んでいることが重要なのだ。

国吉大将・大陸。

史上最強の甲子園ツインズであることは間違いない。

第三章

末完の大砲
眞榮平大輝

眞榮平大輝《まえひらだいき》

1993年3月生まれ。沖縄県うるま市出身。身長180cm、体重90kg、右投げ左打ち。天願小3年から野球を始め、あげな中では「うるまボーイズ」に所属。興南高校では1年秋に一塁手レギュラーを獲得。2年夏、3年春の甲子園で計2本の本塁打を記録している。日米親善高校野球での練習試合でサイクル安打を達成し、メジャースカウトから打撃力で高く評価された。

■興南高校時代　甲子園成績

2010年春		打数	安打	打点	本塁打	四死球	
	関西	4	2	1	0	1	
	智弁和歌山	5	1	2	1	0	
	帝京	4	2	0	0	0	
	大垣日大	5	1	0	0	0	
	日大三	5	0	0	0	1	
通算成績	**5試合**	**23**	**6**	**3**	**1**	**2**	**打率 .261**

2010年夏		打数	安打	打点	本塁打	四死球	
	鳴門	4	0	0	0	0	
	明徳義塾	5	1	0	0	0	
	仙台育英	3	1	0	0	1	
	聖光学院	5	1	0	0	0	
	報徳学園	4	1	1	0	0	
	東海大相模	4	1	1	0	0	
通算成績	**6試合**	**25**	**5**	**2**	**0**	**1**	**打率 .200**

■明治大学時代	試合数	打数	安打	打点	本塁打	四死球	打率
11年春	出場なし						
11年秋	出場なし						
12年春	4	2	0	1	0	1	.000
12年秋	1	1	0	0	0	0	.000
13年春	出場なし						
13年秋	6	5	0	0	0	1	.000
14年春	13	28	8	2	0	4	.286
14年秋	1	1	0	0	0	0	.000
通算成績	**25**	**37**	**8**	**3**	**0**	**6**	**.216**

沖縄を代表するミュージシャン喜納昌吉《きなしょうきち》が一三歳の時に作った「ハイサイおじさん」のメロディーが、突如三塁側アルプススタンドから流れてきた。

♪ハイサイおじさん、ハイサイおじさん♪

陽気な歌詞をつい口ずさんでしまう「ハイサイおじさん」が沖縄では定番の甲子園応援曲であり、いわば力水のようなものだ。なのに、歌詞が高校野球にそぐわないという投書が地元新聞社にあったせいで興南ＯＢたちが自粛をさせていた。その「ハイサイおじさん」を、沖縄勢の応援にいつも協力している兵庫県市立尼崎《あまがさき》高校の吹奏楽部が興南のためにと、自粛を無視して演奏し始めたのだ。それも興南が兵庫県代表の報徳学園と対戦しているにもかかわらずだ。

アルプススタンドのボルテージが急激に上がり、一気に沖縄の空気が球場全体に充満していく。

二〇一〇年夏の甲子園準決勝は、兵庫県代表の報徳学園と対戦し3回表0対5、興南まさかの5点のビハインド。流れを呼び戻すためにも1点でも返したい。

大観衆から迫りくる声援の中、2アウト満塁の最大の見せ場になりうる場面で四番眞榮平大輝が打席に立った。

眞榮平は準々決勝までの三試合で12打数2安打、打率1割6分7厘。他のナインがバカ当たりしている中、唯一当たりがない四番とメディアから酷評されていた。

試合前、我喜屋監督から「ただ打つだけじゃない。そこにどっしり構えていることが四番なんだ」と諭された。〈そんなことはわかってる。まずはここで一発出れば試合の流れも変えられるどころか、自身の調子も取り戻せる気がする〉眞榮平は、ただただ打ちたいという一心で打席に立っていた。

2球目のインコースストレート。

「ガシッ!」

力みが出たのか詰まったセカンドゴロ。

「あああーー」

大歓声からため息交じりの落胆の声に変わった。

人生は、他人の一言で大きく変わることがある。

「君、ダメだね」

我喜屋監督からのこの一言が、眞榮平の野球人生を動かした。そこらあたりの高校の監督だと有望選手には美味《おい》しい言葉、つまり〝餌〟しか与えない。しかし、名将ともなると精神的な成長を見込んで、あえて辛辣《しんらつ》な言葉を投げかける場合がある。そういった言葉が功を奏し、一流選手の精神を身につけていく選手がごく一部いるものだ。

眞榮平が野球を始めたのは、うるま市内の小学校に入学してすぐだった。眞榮平が生まれ育ったうるま市は、沖縄本島中部の東海岸に位置する沖縄県第三の都市で、勝連《かつれん》半島の先端部には在日米軍の港湾施設ホワイト・ビーチと海上自衛隊沖縄基地がある。

小学生時代の眞榮平はレギュラーになれず、おまけに試合にもほとんど出たことがなかった。

うるま市立あげな中学に入学すると、軟式野球部には入らず、地元の硬式野球チーム「うるまボーイズ」に入団した。内地（本土）と違って当時の沖縄はまだまだ中学野球が盛んであった。二〇〇七年には嘉手納《かでな》中学が全国中学校軟式野球大会に優勝するなど、中学校の軟式野球部に入る中学生が圧倒的に多かった。硬式野球クラブのひとつであるボーイズは県内に八チームほどしかない。当時のうるまボーイズは市内の各小学校から一名ずつ入団するという感じで一年生は五名、全学年を合わせても二〇名しかいなかった。

一方、あげな中学の軟式野球部は一二〇名強で、中学でレギュラーになれない選手がボーイズに行くという風潮だった。そのせいか、ボーイズに入っている選手は中学の野球部員から馬鹿にされていた。そんな状況を知ってか知らずか、うるまボーイズでコーチをやっていた眞榮平の父親が険しい顔で言う。

「硬式は意識の高い奴がやるもんだ。お金を払ってやるのがクラブチームだ。県内はまだまだだけど、県外のボーイズは真剣に野球が上手くなりたい奴が行くところや。だから腐らずに、練習をちゃんとやれ！」

父親の言葉に発奮した眞榮平は、自分を馬鹿にしていた奴らを見返してやろうと毎日練習に励んだ。

中学三年になると、うるまボーイズは生まれ変わった。ピッチャーは後に興南の正捕手となる山川大輔と一学年下の上原健太（現日本ハム）が二本柱となり、主砲としてチームを引っ張る眞榮平が打ちまくる。投打のバランスが取れた大型チームとして躍進し、九州大会でチーム初のベスト4に入る健闘を見せる。九州大会や全国大会で活躍したのが認められ、岡山の高校から特待生扱いで声がかかっていた眞榮平は「別に県外に行ってもいいかな」とぼんやりと思った。

強豪うるまボーイズにいい選手がいると聞きつけた興南の我喜屋優監督は、眞榮平や山川に興南の練習会に参加するように関係者を通じて要請する。

眞榮平が中学三年時の夏の甲子園沖縄県代表は興南だった。声をかけられた眞榮平と山川は興南を二七年振りに甲子園に連れていった我喜屋監督の野球はどういうものだろうと思い、試しに練習会に参加してみることにした。

興南のグラウンドに足を踏み入れると、ボーイズとは違うピリピリした緊張感が全身を襲う。周りを見渡すと、県内のボーイズで活躍した同級生たちがほぼ勢ぞろいで練習会に参加していた。中学の軟式出身者も多数いて、足の速い選手、球の速い選手など、錚々《そうそう》たる面子《メンツ》が揃っていた。

「うわーすげえ！　こんな中でやってみてえ」

高校の練習を見て初めて心が躍った。今まで地元の前原高校、具志川《ぐしかわ》高校、具志川商業といった、ただ普通に野球をやっているヤンチャな高校球児を幾度となく目撃していた。だからこそ興南の練習に衝撃を受けた眞榮平は、興南へと進学することに興味がむくむくと湧いた。

練習会から一週間後、我喜屋監督が眞榮平の自宅を訪れた。

「君、この間練習会に来ていたけど、バッティングは雑だし、肩も弱いし、足も遅いし、守備もダメだね。うちに来ても三年間試合に出れるどころか続くかどうかもわからないけど、もしやる気があるなら来てもらっても構いませんよ」

のっけから先制パンチをお見舞いされ、カチーンときた。「はあ!?　ぜってえ、やってやるば！」眞榮平の内に秘めていた闘争心に火がつく。その後、我喜屋の北海道での社会人野球時代のことなど多岐にわたって小一時間ほど話をした。そして最後に我喜屋が神妙な顔つきで口を開く。

「うちは最初から特待制度はありません。勘違いしてもらっては困るのですが、特待というのは凄いという意味だけではなく、普通ではないという意味も含まれています。家庭環境が厳しいためどうしても学費の援助が必要だと学校が判断して特別に支援するのが、特別待遇制度つまり特待なんです」

眞榮平は即座に「なんか、凄《すげ》えなこの人」と思った。

元来、中学生は〝特待〟という単語にやたらと反応してしまうものだ。野球名門校に誘われた、選ばれたことが特権階級的な証《あかし》に捉えられ、まだ未成熟な中学生の自意識をビンビンに刺激するのだ。他の高校は「一年生から使うので」「道具も三年間保証します」「大学へのパイプもあるので」と美味しい言葉で勧誘するのが常套《じようとう》手段であるのに対して、我喜屋は違った。最初はつっけんどんな言い方をし、それから独自の野球観を展開し、そして最後はきちんと条件面を嘘偽りなく提示する。

「この人の元でやってみたい」

一五歳の少年の心は完全にイチコロだった。

こうして興南・眞榮平大輝が誕生したのだった。

眞榮平にとって高三夏の最後の甲子園は、最高の思い出とは言い難い。むしろ、本人にとってあまり思い出したくない苦い記憶と言っていいだろう。

甲子園には5季中四度出場、それだけで眞榮平は選ばれた人間だということがわかる。

鮮烈だったのは高校二年夏の甲子園一回戦明豊戦。

プロ注目であった明豊のエース今宮健太との第2打席、1ストライク2ボールからの5球目だった。インコース気味のフォークボールをうまく肘を畳んでライト中段まで飛ばすホームランを放つ。打った瞬間、ライトは早々と諦め、はるか頭上を越す打球をただただ見上げていた。

身長180センチ、体重90キロの堂々とした体躯《たいく》で、メジャーでも活躍した福留孝介《ふくどめこうすけ》（現阪神）ばりの構えからのスイングスピードによって鮮烈なまでの綺麗な弧を描き、さらにシビれるほどの飛距離を生む。プロ野球界を見ても沖縄出身者は投手ばかりの中で、待望の沖縄発の大型四番バッターの誕生を期待させた。

続く三年春のセンバツ二回戦の智弁和歌山戦、8回裏4対2でリード、1アウト一、二塁の第5打席はバックスクリーンに飛び込むスリーランホームラン。これぞ四番のホームランというくらい衝撃の一撃だった。画面で見てもわかるほどの力強いスイングは圧巻そのもの。

沖縄出身のプロ野球選手といえば、今なら二年連続ホームラン王の山川穂高がすぐに思い浮かぶだろう。山川穂高は眞榮平の一学年上で沖縄では怪物と謳《うた》われていたものの甲子園には一度も出ていない。本来なら全国区のスターとして眞榮平大輝の名が先に野球ファンの記憶に刻まれてもおかしくない存在だった。

とにかく、眞榮平はプロへの意識が中学時代から強かった。中学生の時から木製バットを使い、高校では寮での夕食後、「宮城《みやぎ》、宮城、ちょっと」と一学年下のうるまボーイズ後輩の宮城和法《かずのり》を連れ出し、素振りのチェックをしてもらう。先輩だからと偉ぶらず、後輩にも「(素振り)どうなってる?」と平気でアドバイスを求めるほど、野球に対し貪欲だった。

三年春のセンバツ甲子園で優勝し、春夏連覇を狙う最後の夏の甲子園。

沖縄県大会では調子が良かったはずなのに、甲子園に来た途端に四番眞榮平が機能しなくなった。繊細さを持ち合わせているため、プライベートな部分もプレーに影響を及ぼすタイプ。

初戦の鳴門《なると》戦で4打数ノーヒット。四番の眞榮平とエース島袋がノーヒットで残りの7人が打ちまくり、15安打で9対0の圧勝。ここから興南打線が爆発した。

眞榮平がまったく打てなくなったわけではない。次の試合からは毎試合1本はヒットを打っている。しかし、一番国吉、二番慶田城、三番我如古の上位打線が揃って固め打ちするものだから、眞榮平の単打程度ではまったく目立たない。おまけにチャンスで回ってきた打席で凡退を繰り返すため、余計に打てない印象となる。

春と違って豪打爆発の興南打線の中で、眞榮平だけがひとり蚊帳《かや》の外だった。他のナインも眞榮平の持ち合わせる繊細な部分を知っているだけに、あえてそっとしていた。その空気が眞榮平にとって余計にプレッシャーとなった。周りが自分のために気を遣っている。それもこれも自分が打てないせいだ。切り替えが大切だということもわかっている。だから考えないようにと努めれば努めるほど、考えてしまう自分がいる。〝考えるな、感じろ〟ではなく、〝考えまくるし、感じまくる〟だった。

沖縄のメディアがセンバツから眞榮平にずっと密着していた関係上、地元テレビのキャスター、レポーター、地元新聞記者と仲良くなっていく。そんな親しい地元のメディア陣たちでさえも変に気を遣ってくれていることが眞榮平にとって嫌で堪《たま》らなかった。かといって二、三度取材を受けただけの内地のフリーライターから取材で「周りが打ちすぎているからって力みすぎなんだよ。興南の四番の意味ってわかってる？」と偉そうに説教じみたことを言われると、さすがに癪《しゃく》に障ってキレそうになったこともあった。

興南では甲子園期間中、基本外出禁止だ。ホテル内に大きめの百円均一ストアもあるが、そこへ行くことも禁止だった。ただご褒美として、連戦の疲れを癒すために近くのスーパー銭湯へ行くことだけは許された。

試合がない日に、仲の良いメンバー五人とスーパー銭湯に行くと、見知らぬおっちゃんが声をかけてきた。

「おっ、おまえら興南やな」

「あっはい」

「なんや、ピッチャーもええし、打線もよう打つし、ええ野球やっとるがな。四番が打ったら最高なんやけどな、ガハハハ」

下手くそな「六甲《ろっこう》おろし」を歌いながらもたもたと着替えて帰ろうとする間際、おっちゃんがまた口走る。

「おい、四番にもっと打てと言うとけよ」

ダメ押しだった。リラックスするために銭湯に来ているのに、なんで気まずくならなきゃいけないのか。眞榮平は苦笑いするしかなかった。

野球関係者から一般人にまで〝打てない〟というレッテルを貼られ、チームメイトからも気を遣われる。日本中で一番自分が悪者になっているように思い、ひとり悶々とする日々が続いた。

沖縄の野球熱は全国一と言われている。巷でよく言われているように、甲子園で沖縄県代表が試合している時、県内企業は外部からの電話を取らない。街には人がいなくなる。スーパーに行ってもレジに人がいない。あるある話がたくさんある。それだけ沖縄人にとって興南旋風は活力であり、生活の支えにもなっていた。

エースの島袋が快投し、四番の眞榮平が打つ、投打の柱が活躍して目立つのが理想である。しかし、不調のため眞榮平のバットは鳴りを潜め、その代わりにキャプテンで三番バッターの我如古盛次がセンバツからの勢いのままバカスカ打ちまくり、柱になっていた。それに対して眞榮平はなんだか歯がゆい思いを抱いていた。

眞榮平は自問自答した。

「なんで、打てないんだ？」いつもは無心で素振りをしているのに邪念が入る。チームの快進撃とは裏腹に、眞榮平の周りだけ空気がどんよりと重い。その濁った空気を振り払うかのように、毎夜素振りを続けた。

そして、準決勝の報徳学園戦。この試合が春夏の甲子園で計11試合を戦ってきた中で、最も象徴的な試合と言われている。

あのエース島袋が2回で5点を取られ、言い知れぬ気持ちが球場のスタンドやテレビで観ている全員に一瞬過ぎった。

「こりゃ、ワンサイドゲームかよ」「さすがにもうダメかぁ」

ここまでたったひとりで投げていた島袋の顔には、疲労が色濃く浮かんでいた。

ただ興南ベンチ内では、楽観ムードが漂っているかのように焦りも何もなかった。

「まだ2回が終わったばかりであと7回もある。5点なんか着実に返していけばそう大したことはない」メンバーは皆そう思っていた。それには訳があった。その前の試合、準々決勝の聖光学院戦での逆転があったからだ。

聖光学院戦でエース島袋は2回表に3点先行される。二年春夏、三年春と甲子園で戦ってきて1点先行されることくらいはあったが、序盤で3点もリードされるのは初めてのケース。

「これって負けるパターンか!?」

スタンドにいるベンチ外メンバーは、その時何やら不穏な空気を感じ取った。我喜屋監督が口酸っぱく言う第六感とは違う、試合の〝あや〟というものだ。もちろん、グラウンドにいる者も感じていた。

外野三人衆のレフト伊禮《いれい》伸也《しんや》、センター慶田城開、ライト銘苅圭介は「今日で高校野球を引退かもな。明日から何しよう?」と話しながら守備位置につく。甲子園で初めて相手チームに3点先行される展開に少年たちの心は少しだけ戸惑った。しかし、そんな戸惑いも簡単に吹き飛んだ。

聖光学院先発の歳内宏明の得意のスプリットが低めに決まらない。甘くなったスプリットほど打ちごろの球はない。結局、小刻みに追加点を重ねて逆転し、10対3で興南は勝ち進んだ。

この逆転があったおかげで、興南メンバーは準決勝の報徳学園戦で5点差をつけられても泰然自若の状態でいられたのだ。

そして、本章の冒頭でも書いた、5点差をつけられた3回表の興南の攻撃、二死満塁で四番眞榮平の打順を迎える。四番にとって絶好の機会だ。今までの鬱憤を晴らすにはこの場面しかない。ここで一打が出れば試合はまだまだわからない。しかし、あえなくセカンドゴロ。

「ああ〜あ」落胆の声に混じりながら興南野球部応援団は怒声をあげた。

「てめえ、何やってんだ！」

「おい、代えろ代えろ！」

「それでも四番か！　いつもいつも凡打ばっかしやがって」

普段、おとなしいベンチ外メンバーがアルプススタンドで怒り狂っていた。

ここまで決して表には出さなかったそれぞれの思いが勢い余ってついに爆発したのだ。ベンチに入れない悔しさ、自分への不甲斐なさ、親への申し訳なさ、複雑な感情が入り混じり、今まで我慢して抑えていた分、暴発したのだ。

別に彼らは眞榮平を心底責めているわけではない。興南レベルのベンチ外メンバーであれば、他校では十二分にクリーンナップを打てる逸材がゴロゴロいる。球児たちの憧れの甲子園に立ちたい、プレーしたい、投げたい、打ちたい、その言い知れない思いが一気に噴出したのだ。

眞榮平は、その時、自分に罵声が飛んでいたことを知らない。しかし、打席に立つ前の球場全体が出す自分への期待が、一気に崩れるように喪失感に変わったのはひしひしと感じ取っていた。

【眞榮平の証言1】

報徳戦で凡打したあの瞬間、みんなが僕に対して厳しいことを言っていたってことは、それだけベンチメンバー外も本気で野球に取り組んでいた証拠だと思います。みんなの思いを踏みにじった感じで申し訳なかったです。

……こんな僕が感じたのは、甲子園という夢の舞台はある種のまやかしで、ある意味錯覚を起こす場所だということです。本当は全然大したことのない一八歳なのに、チームスポーツとしてあれだけテレビで取り上げられ、一時だけ芸能人のように旬な存在にもなります。沖縄からもメディアの方々が帯同して来て、悪く映らないようにいろいろと配慮してくれました。そりゃ、錯覚して自分が凄いと思う人が出てきて当たり前ですって。

甲子園に出た他の高校を見て思ったことは、全国屈指の強豪校でも、プライベートだけでなく試合中もだらしないチームがあると知ったことです。でも、真の強豪校は人間性も指導されているのでしっかりしています。興南がそうですけど、身なりや立ち振る舞い、取材での言葉使いひとつとってみても、誰に見られても恥ずかしくない対応をしてきました。我喜屋監督の教えですね。

よく言ったら監督のミーティングでの教えが一段階、二段階と成長するように導いて

夏の甲子園優勝後、エース島袋とのツーショット。投打の主軸は笑顔が眩しすぎる

左からチーム一の伊達男・伊禮伸也、影のキャプテン福元信太、
眠れる主砲四番眞榮平大輝、興南の秘密兵器島尻龍一、我らのキャプテン我如古盛次

くれました。悪く言ったら洗脳です。まあ、教育ですから。甲子園でインタビューを受けても、どういうコメントが欲しいかがだいたいわかるんです。高校生なら「あの場面はホームランを狙ってました」、「みんなの思いが乗り移って打てました」とええかっこしいなことを言いたくなりますが、僕らはマスコミが欲しがるようなコメントを絶対に言いませんでした。相手チームのこともあるので、凄く気を遣って喋《しゃべ》ってましたから。マスコミの方からしたら、クソ面白くなかったでしょうね。

プロですか？　はい、中学から意識をし、高校時代からプロを目指してました。でも、プロ志望ってことを周りには見せたくなかったんです。

誰がいつからそう決めたのか知らないけど、僕たちはベンチ入りメンバーを〝メンバー〟、それ以外を〝メンバー外〟と呼んである意味区分けしていました。もちろん、直接本人に向かって「おまえ、メンバー外やろ」とは言いませんよ。

センバツで優勝したことで有頂天になってマスコミにチヤホヤされるメンバーと、メンバー外とで軋轢《あつれき》が生じて、チームが一回ぐちゃぐちゃになりかけたことがあったんです。

もともと我が強い奴の集まりでなんとかまとまって甲子園で優勝し、取材されても「凄いね凄いね」とチヤホヤされて、だんだんチームがおかしくなっていくのがわかるんです。そんな状況下で、プロに行きたいとか大学はどこがいいかなどといった個人の希望を優先すれば、他のメンバーも追随して余計にチームはバラバラになる。そう思ったので気持ちを表に出すことは封印してました。

夏の甲子園でももちろん優勝を目指していたし、個人的にはプロへ行くために甲子園で活躍するのは必須でした。でも夏は全然打てなかったんで、この時点でプロは無理かなと思ってました。

プロ志望届を出す選手、出さない選手

二〇一〇年夏の甲子園大会終了後、史上六校目の甲子園春夏連覇を達成した興南から五人が高校日本代表に選ばれた。その中に四番の眞榮平も入っていた。二年夏と三年春に一本ずつホームランを打つほどの長距離バッターの眞榮平は、最後の夏、打率2割、ホームランゼロ、長打は三塁打1本のみ。にもかかわらず高校日本代表に選ばれた。どうして選ばれたのか。ひとつだけ思い当たるふしがある。

二〇一〇年夏の決勝戦東海大相模戦。

中盤で5対0と興南がリードし、勝敗はほぼ決した。

眞榮平が味方の攻撃中にベンチ裏へ行くと、顔見知りの高校野球連盟の関係者がやって来た。

「眞榮平、ここで大きいのを打ってくれ。そうすれば推薦できるから」

最初、何を言われているのか意味がわからなかった。まあ、大人の言うことは場面場面でよく変わるものだからとりあえず「はい」と言って軽く受け流し、次の打席の準備にとりかかる。

眞榮平はその直後の第3打席、右中間フェンスに突き刺さるライナー性の三塁打を放つ。ホームに還《かえ》り、ベンチ裏に行くと、さっきの顔見知りの高野連関係者が喜色満面で飛んできて、「やった、でかしたぞ、眞榮平、これで選ばれるぞ」と両手で握手を求められた。何だかよく分からないけれど喜んでいるぞと思い、「はい、ありがとうございます」とまたも適当に返事を返した。

結局、興南が決勝戦を13対1で圧勝し春夏連覇を達成した後、すぐに高校日本代表が発表された。興南からは島袋、我如古、山川、国吉に次いで眞榮平も選ばれたというわけだ。

アメリカ・カリフォルニアでの日米親善試合。眞榮平は沖縄で生まれ育っただけに飛行機は何度も乗ったことがあった。しかし、海外に行くのは初めてだった。それも日本代表の一員としての初海外は格別な思いだった。

全国屈指のメンバーが選ばれている中、高校日本代表の四番に眞榮平が堂々指名される。パームスプリングス選抜チームとの練習試合では、ホームランを含む5安打。まるで甲子園での鬱憤を晴らすかのような豪打炸裂《さくれつ》だ。全日本の攻撃の要《かなめ》としてまずは及第点以上の活躍ぶり。この試合を機に甲子園での重圧から完全に解き放たれた眞榮平は、親善試合二試合目でも2本のホームランを放った。練習試合を含めた四試合で計3本のホームランを打ち、興南に眞榮平あり、いや高校日本代表に眞榮平あり、を堂々と見せつけた。

眞榮平は、これまでの野球人生の中でバッターとして凄いと思った選手がひとりもいなかった。山田哲人のことも正直よく知らなかった。山田のバッティング練習を見ても「ボールをうまくバットに乗せて運んでいるなー」と思うだけで、飛距離は負けていなかった。ただ山田に関しては技術より驚かされたことがある。眞榮平が四番、山田が五番を打っていたことで自然と会話も増えていく中、山田に突然言われた言葉が今でも頭の片隅に残っている。

「なあ、プロ志望届出すやろ！」

眞榮平にとって衝撃だった。

山田にしてみれば別に驚かそうと思って言った訳ではない。何気ない会話の中でのやりとりのひとつに過ぎなかった。

「いや、大学に行くよ」眞榮平は普通に返す。

山田は不思議そうな顔をして再び口を開く。

「眞榮平、なんで大学なんか行くの？」

「まあ、とりあえず大学かなって」

そう答えるしかなかった。

「なあ、眞榮平も（プロ志望届を）出しとけよ。な、出せって」

山田には眞榮平がプロ志望届を出さないことへの疑問が尽きなかったようだ。山田にしてみれば、プロへ行きたいのならプロ志望届を出すのが当たり前だろ、なぜ出さないんだ？　摩訶不思議《まかふしぎ》な生き物を見るかのように眞榮平を眺めている。

眞榮平は眞榮平で思うことがある。あいつらどうしてプロに行けるってそんな簡単に思えるんだ!?　それも、そこらへんに買い物に行くかのように言ってるし、自分がいくらプロに行けると思っても相手から請われなきゃダメなんだぞ。山田も後藤（駿太《しゅんた》、現オリックス）も磯村《いそむら》（嘉孝《よしたか》、現広島）もプロに行くって平然と言う。そんな簡単にプロって行けるものなのか？

カリフォルニアの空を見ると、いわゆるドジャーブルーで一面塗りつぶされているかのようだ。沖縄の空よりもはるかに大きく、何の混じり気もない青色が遥か彼方《はるかかなた》まで広がっている。

眞榮平は、この澄み渡る心地良い青空とは裏腹に何だか自分の置かれた立場を知らされたような気がした。

左から眞榮平、高校時代MAX144キロを誇った中川涼、木村謙吾（元楽天）、
磯村嘉孝（現広島）、島袋洋奨。そうそうたるメンバー

空港にて山田哲人とのツーショット。
日本代表では、四番眞榮平、五番山田と堂々クリーンアップを組んでいた

日米親善野球は、眞榮平にとって多くのことを学ばせてもらう機会だった。生まれてからずっと沖縄という小さい島でしか生活したことがなく、内地の同世代と初めて腹を割って話せただけでも貴重な経験だった。後になって気づいたことだが、実は自分が岐路に立たされていたことがわかったアメリカ遠征でもあったのだ。

帰りの飛行機でのことだ。

日米親善試合は練習試合を含めて四試合3勝1敗で日本の勝ち越し。いくら親善試合といえども勝負を決する以上、勝ち越しで終わるのは気分がいい。

関係者含めて総勢三〇名弱の日本選手団の一行は、親善野球が終わった後、ディズニーランド観光、ＭＬＢエンゼルス対インディアンスの試合を観戦し、当時エンゼルスの主砲だった松井秀喜と記念撮影を行った。高校最後の夏休みを満喫して、九月七日にロサンゼルスを発《た》った。

成田まで約一二時間という長旅に加え、八日間の初海外滞在はさすがに疲れた。時差というものを初めて経験し、甲子園の疲れも抜けきれていない中で四試合を行った。それでも眞榮平にとっては楽だった。あの甲子園での連戦に比べれば、遊びみたいなものだった。

飛行機の中では監督、コーチといった首脳陣が前方の席、その後ろに選手たちが座っていった。選手団の後ろのほうにいた眞榮平は通路側に腰掛けていた。一二時間ほど経って各々が深い眠りについた頃だ。

「なああ、眞榮平、後ろで誰かがおまえのこと呼んでるみてえだぞ」

真後ろに座っているチームメイトから突然肩を叩かれた。何だ!?　と思い、通路に顔を出して振り向くと、トイレ手前あたりで手招きしているスーツ姿の男がいる。

「あのおっさん、誰だぁ?」

ちょうどトイレに行きたかったし、呼ばれている以上行ってみるかと眞榮平は何の疑いもなく向かった。どうやらおっさんはトイレ前にあるブースで自分と話したがっているようだ。誰からも見えないように死角に入りたいってことは、なんか意味深な話なんだろうとすぐに察知できた。

「ねえ、眞榮平くん、プロ志望届出した?　もし出してないのなら出してほしいんだけど」

「は!?」

眞榮平は咄嗟のことでワケがわからない。

「私は阪神の関係者なんだけど、ウチは左の大砲を獲ろうと思っている」

「はあ」

「球団の方針として金本《かねもと》（知憲《ともあき》）の後釜を育てる意味でも、キミを（ドラフトに）かけたいと思っている」

眞榮平の中でやっと辻褄《つじつま》が合った。一瞬、間を空けてから眞榮平は答える。

「大学へ行くことが決まっているんですけど」

「そっか、わかった。大学四年間しっかり見ているから頑張るんだよ」

そのおっさんは眞榮平の肩をポンポンと叩き、スタスタとなに食わぬ顔で自分の席へと戻って行った。

眞榮平は、この場面のことを今でもはっきりと覚えている。

春のセンバツ以降、毎日のように大学関係者やプロのスカウトが学校に来ていた。最初はどこかの関係者かなと思う程度だった。それが、毎日毎日誰かが来ては興南の学校関係者と話している風景を目にすれば、次第に「あれはプロだな」「あれは大学か」と見分けがつくようになる。プロアマ規定に抵触しない大学関係者は堂々としているのに比べ、プロ関係者はどこか余所余所《よそよそ》しい雰囲気を醸し出していたからだ。

そういった点では普通の学校よりかなり免疫がついていた。そのおかげでプロのスカウトたちをなんとなく嗅ぎ分けられるようになった。仮に飛行機で話しかけてきたおっさんがインチキ親父だとして、眞榮平に接触してそんなことを言うメリットがあるだろうか。確かに、二〇一〇年以降の阪神のドラフトを見ると、二〇一〇年5位荒木郁也《ふみや》（明治）180センチ左打ち、一一年1位伊藤隼太《はやた》（慶應）176センチ左打ち、3位西田直斗《なおと》（大阪桐蔭）183センチ左打ち、一三年2位横田慎太郎（鹿児島実）185

センチ左打ち、と若手の大型の左打ちを獲っている。

眞榮平に接触した男が阪神のスカウトではないにしても阪神関係者であることは、ほぼ間違いなかっただろう。

名門明治での試練

二〇一〇年夏の甲子園でのあまりの貧打振りに眞榮平は「プロには行けないな」ときっぱりと判断した。プロ志望届を出すことをこれっぽっちも考えなかった眞榮平は明治大学に進学することを決めた。

鳴り物入りで六大学の名門明治大学に入った眞榮平は、春夏連覇チームの四番だったということで否《いや》が応にも注目された。

入部初日、新入生の自己紹介が始まった。センバツ準優勝の日大三高の山﨑福也《やまさきさちや》（現オリックス）、開星の糸原健斗、広陵の福田周平、〇九年夏の甲子園準優勝日大文理の高橋隼之助など、名のある甲子園組が紹介されていく中で自分の番が回ってきた。

「興南高校から来ました。眞榮平大輝です」

別に気負いもなく、普通に言った。心なしか注目を浴びているような気もしないでもない。

まあ、こんなもんかと呑気《のんき》に構えていた。

一五人の甲子園組に加え、推薦組一五人の計三〇人が入部。全国から選ばれた精鋭たちの中でも眞榮平の冠は一際輝いていた。だからといって名門明治はそれだけで通用するほど甘くない。

眞榮平が入ったばかりの当時の明治のレギュラー勢を見ると、エース野村祐輔《ゆうすけ》（現広島）の他四人が卒業後にプロ入り、残りは社会人でバリバリ活躍していた選手というラインナップ。ベンチを見ても後にプロに行く者がゴロゴロいる中で、いくら春夏連覇の四番眞榮平だろうと入る隙などどこにもなかった。

同期の中村修梧《しゅうご》は、和歌山県立粉河《こかわ》高校から学校推薦で明治に入った。高三夏の県予選はベスト8で敗れ、甲子園には一度も出場していない中村からすれば、眞榮平は興南春夏連覇の四番でおまけに高校日本代表の四番という世代を代表するバッターで雲上の存在だ。だからといって眞榮平は中村に対してまったく偉ぶらず、気さくに接するため、すぐに仲良くなった。

沖縄県人が内地に行くと、本人も周りもあまりの感覚の違いに戸惑いが生じる。まず沖縄の言葉のイントネーションが妙に可笑《おか》しかったり、時間の感覚もおかしかったりと、沖縄県人以外から見て何かにつけておかしく思える。

例えば眞榮平がいつも一緒につるんでいる五、六人とコンビニに行く時だ。

買い物が済んでみんなが外に出ると、眞榮平だけがなかなか出てこない。

「あれ、眞榮平は？」中村が辺りをキョロキョロと見渡すと、コンビニ内でひとり雑誌を平然と読み耽《ふけ》っている眞榮平がいる。「おい、まただよ～」中村は苦笑する。眞榮平はとにかく大物にありがちなマイペースな性格だった。そして、よく寝ていた。

「あれ。眞榮平は？」中村が寮内で眞榮平を探す時に限って、部屋で寝ていることが多かった。暇さえあれば寝ていた。ついたあだ名は「琉球の睡眠マシーン」。変にスレてないし、とがってもおらず、誰からも愛されるキャラ。同期からことあるごとにイジられ、人気者だった。いい意味で大物感溢れる眞榮平は野球部の雰囲気に割と早く馴染み、同期たちと切磋琢磨《せっさたくま》しながら一年生の間はみっちり基礎体力作りにあてた。

　大学二年春の東大戦で満を持してのデビューとなった。東大戦は、ある意味新人を試す格好の場となっている。その後も代打でチャンスを幾度となくもらうがなかなか結果が出せず、三年秋までに11試合出場で安打ゼロ。このまま〝あの人は今〟的な選手になってしまうのか。もがきにもがいている中で追い討ちをかけられることがあった。

「おまえは偽物や」

「過去の栄光だけは立派だな」

「こんなの捕れないのか、やめちまえ」

怒号が響く。

「おらおら！　なんだ、その目は！」

明治のコーチ松岡功祐《こうすけ》が、感情に任せて罵声を吐き続ける。

眞榮平は叱咤《しった》されるのに慣れていた。中学時代、ボーイズでコーチだった父親にはいつも殴られていたし、監督にも殴られていた。しかし、大人から感情に任せて殴られることは決してなかった。

松岡は守備担当のコーチとして辣腕をふるっていた。明治からサッポロビールを経て一九六六年ドラフト1位で大洋（現ＤｅＮＡ）に入団し、ルーキーイヤーにショートでレギュラーを獲得する。三年目以降は若手の台頭により出場試合数は激減したものの控えのショートとして活躍し、その後、一一年間の現役生活を終える。一軍コーチからスコアラー、スカウトを経て、二〇一一年母校の明治にコーチとして招かれた。そんな松岡にとって、眞榮平は少々規格外に見えたのかもしれない。

眞榮平のバッティングスタイルは、紛れもなくスケールの大きさとダイナミズムを感じさせる。しかし、その他がいただけない。足は遅く、守備も下手。走攻守の三拍子揃った選手を好む指導者からすると、眞榮平は欠陥品にしか見えなかった。

指導者も人間であるため好き嫌いがある。大型でも機敏に動ける選手はたくさんいるけれども、眞榮平はどうにも鈍臭く見える。だからといって、とんでもないエラーをするわけではなく、高校時代は勝負どころではきちんとボールはグラブに収まっていた。

　野球において、よくユニフォームが異様に様になっている選手がいる。なぜかそうい う選手は大概三拍子揃ったセンスの持ち主で、俗に言う上手い選手だという定説がある。眞榮平の場合、バッティング以外では不格好だが、要所要所でなぜか決める。それが眞榮平の持ち味だった。

　特守（守備の特訓）で松岡のノックを受ける度に毎回怒号が飛び交っていた。眞榮平のみならず、松岡は好みのタイプではない選手に対して容赦なく罵声を上げていた。

　松岡から決まって言われる言葉があった。

「心入れ替えてやれー！」

　ことあるごとに浴びせられる。

「おい、眞榮平、いい加減、心入れ替えてやれや！」

　眞榮平は自身で納得するために意を決した。

「松岡さん、すいません、心を入れ替えるとはどういうことかわからないので教えてください。僕、全部やるので言ってください」

　鬼気迫る勢いで言う。ある意味、真剣勝負を挑んだのだ。

　そんな眞榮平の気迫にたじろいだのか、松岡は答えに窮している。

　結局、松岡は何も言わず、眞榮平を睥睨《へいげい》して立ち去った。

騒動はその日の夜に起こった。

寮長でもある眞榮平が部屋でくつろいでいると、マネージャーから電話がかかってきた。

「なあ、眞榮平、今日何かやった!?」

明らかに慌てた声だ。

「松岡さんにちょっと思ったことを話しただけだけど」

「監督、コーチの食事会で松岡さんが『今日の練習中、眞榮平の姿勢に問題があった』って言うもんだから、監督は何があったのか慌ててるんだけど」

「はあ?」

眞榮平にしたら、何が起こっているのか皆目見当がつかなかった。


明治といえば〝島岡野球〟と言われるほど、東京六大学リーグ戦で歴代監督一位の優勝15回を誇る島岡吉郎の魂が脈々と受け継がれている。明治OBたちは、島岡吉郎のことを〝御大《おんたい》〟と呼び、野球部の合宿所は「島岡寮」の看板が今も堂々と掲げられている。島岡は選手と一緒に合宿所に寝泊まりをし、選手たちの私生活の面にもきちんと目を光らせていた。島岡に関する伝説は枚挙に暇《いとま》がない。

今から半世紀以上前の一九六〇年代後半、現代では絶対にありえない光景が当たり前のように繰り広げられていた。不甲斐ないピッチングやエラーをした者は、島岡から容赦なくグラウンドで正座を命じられる。さらに土下座までさせられる。グラウンドの神様にちゃんと許しを得るまでは、ずっと土下座をして謝らなければならない。

早稲田や慶應に負けた次の日は、夜中の三時起きで練習させられる。一年生は準備もあるので、その日はユニフォームを着たまま寝たという。

一九七〇年代後半から八〇年代前半は、リーグ戦で不甲斐ない負けを喫した日の夜に部員が集められ、仏頂面の島岡がいきなり小刀を取り出し畳に突き刺す。

「これで全員、切腹しろ」

さすがに当時の主将である平田勝男《ひらたかつお》（元阪神）が「御大、明日は絶対に勝ちますから、命だけは」と懇願したという。

とにかく、すべてにおいて命をかけた真剣そのものなのだ。そんな状況下で野球をやっていた選手たち全員が、後年、島岡から人間にとって大切なものを、この時期に教わったと口々に言う。

眞榮平が明治に入学した時の野球部監督が、当時就任三年目の善波達也《よしなみたつや》であり、もちろん大学時代、島岡の元で野球をしていた選手のうちのひとりだ。

島岡野球の真髄とも言える話がある。

島岡の野球は技術云々《うんぬん》ではなく精神野球そのもの。具体的なアドバイスもなく、困った時は「なんとかせえ」と言うだけ。サインもずっと変えないため、相手チームにも当然サインの内容を把握されることとなる。善波が下級生の時にリーグ戦に出場し、ベンチからスクイズのサインが出た。相手チームのキャッチャーが親切心で「おい、スクイズのサイン出ているけど大丈夫か？」と言う。善波は何を言われているのかわからず、とにかくスクイズを決めることだけに集中する。相手チームはスクイズとわかっているため、わざと低めのショートバウンドを投げるが、善波は必死に喰らいつき、指を詰めながらもスクイズしたのだ。「詰める」とは、バットを持っている指の先端にボールが突くように当たること。飛び上がるほどの痛さならまだいい。下手をすれば指先が粉砕骨折する。幸いにも善波は粉砕骨折まではいたらなかったが、身を引きちぎられる痛さにもかかわらず「痛くない痛くない。スクイズを失敗したら御大に殺されるとこだった」と漏らしながらベンチ裏に行くなり、緊張の糸が切れたのか嘔吐《おうと》した。下級生で初めて試合に出る者は、試合途中にほとんど全員がベンチ裏で吐いていた。それだけ島岡の追い詰め方は半端でなかった。

そんな島岡に四年間教育され、第二四代明治野球部監督に就任した善波は、島岡と同じように合宿所に泊まり込み、選手と生活をともにした。

眞榮平は、かなり時間を要したが四年春にはほぼレギュラーの座を手に入れかけた。左ピッチャーが相手でも苦にせず固め打ちをする時もあれば、あっけなく4タコ（4打席ノーヒット）をすることもあり、波が大きかった。守りが特別上手いわけじゃないため途中交代も多かった。

それでも四年春のリーグ戦は、13試合出場し、28打数8安打2打点、打率2割8分6厘の成績を残した。

善波は監督として、眞榮平のいいところだけを見てあげて育てられたら、もっと大きくなってプロの道も開けたのかもしれないと思っていた。ただチーム事情や勝ち負けを考えると眞榮平の常時起用は難しかった。いいものを持っていたけど、あまりに荒すぎた。またプロへ行った糸原や福田と比べると、淡白というかしつこさが足りないようにも感じた。とにもかくにも続く秋のリーグ戦もファーストレギュラーで期待していた。

そんな中、事態は急変した。ただ対話を求めただけなのに、なぜかコーチに造反したとされ四年秋のリーグ戦第三週目から眞榮平は謹慎となった。アマチュアスポーツ界では、指導者に楯突《たてつ》くことは御法度《ごはっと》であり、その禁を破った者はそれ相応の罰が与えられる。神宮球場に行くことも練習参加さえも許されなかった。通常、謹慎期間には禊《みそぎ》として草刈りをやるのだが、それさえもやらせてもらえなかった。

寮では犯罪者のように腫れ物に触る扱いをされていた眞榮平に、キャプテンの髙橋隼之助がいてもたってもいられず声をかけてきた。

「眞榮平が言っていることもわかるし、納得いかないのもわかる。だけど、大学四年間で最後の秋リーグは四年生全員で戦いたいと思ってる。頼むから頭を下げて謝って、一緒に神宮球場に来て応援できるようにしてもらおう」

キャプテンの髙橋は説得というより懇願した。

「申し訳ないけど……、でも、みんなのことは応援しているから」

眞榮平は、ただこう言うしかなかった。

同級生には申し訳ない気持ちでいっぱいになりながらも最後まで自分の意地を貫き通した眞榮平は、リーグ戦終了まで謹慎が解かれることはなかった。

四年秋のリーグ戦は、出場試合1、打数1で終わり、大学四年間を締めくくった。


【眞榮平の証言2】

監督の善波さんには大変お世話になりました。僕を起用しようとしてくれたのも善波さんの考えがあってのことで感謝しかありません。

四年秋のリーグ戦での謹慎の時も善波さんには僕に対して思うところがあったらしいです。社会では上司に楯突いてはいけない場面が必ずある。大学四年間で社会勉強をしていく中で、ましてや上下関係が厳しいことで有名な明治で、善波さんよりはるかに上のOBに反論するのは絶対に許されない。本意ではないにしろ、みんなに迷惑をかけました。どんな理由があろうと、その場の感情でモノを言うことはご法度なんです。

善波さんは、僕が単にイライラして言い返していると思っていたらしいんですが、当時の状況を把握した上で、一線を画すために処罰したんです。僕が１００パーセント悪いということは重々わかっていました。今にして思えば、僕に対する処遇は間違ってないと思います。

僕が出られなかった四年秋のリーグ戦に優勝したため、チームは秋の明治神宮野球大会の出場が決まったんです。そのとき、ベンチ入りメンバーでファーストの枠に僕ともうひとりの佐野（日大三高）のどっちかを選びたいって流れになったんです。統括コーチの鈴木文雄さんから、

『監督が二人のうちのどっちかをベンチに入れるという話をしていた。俺としてはどっちも買っているからなかなか決められない。だから毎朝やっている散歩の前に一時間早く出てきてティーバッティングしないか。監督にも頑張ってることが伝わって見方も変わってくるから』と言われたんです。

はあ!?　でした。僕、ガキだったんで、監督に媚《こ》びを売るようなことをしたくないと思ったんです。佐野にも伝えると、『そんなのいいから一緒に行こうよ』と言って、毎朝起こしに来てくれるんです。その度に『おめえ、ひとりで行けよ。俺、行かねえから』と伝えて、僕は朝の練習に行きませんでした。佐野は毎日朝の練習に行って、僕は今まで通りの時間に起きていました。文雄さんにも大変お世話になったにもかかわらず、

若気の至りというか、申し訳なく思っております。

他人に言われてやる練習は、練習じゃないと思っていました。嫌いでした、そういうの。でも案外、そうしている人って多いんですけど。

高校の時は、ただ単に自分が上手くなりたいから監督に質問したりと、無心で練習してました。沖縄だと、全島のいい選手が集まってきて強くなるって感じで、顔見知りが多かったりと内々感が強い。だけど、内地でトップを狙う高校は全国から集まってきますから競争意識も激しい。

だからなのか、大学でも社会人でもコーチの前でこれ見よがしに練習して、アピールしている感が凄い強い。軍隊じゃないんだし、僕にはなんか納得がいかないし、意味がわかんない。この感覚のズレって大きいですよね。

沖縄でずっとやってきたせいか、能力に任せて伸び伸びやってきた野球から、ひとつ上のレベルの組織野球に僕も面食らったんでしょうね。誰もが認める圧倒的な力があれば別ですけど、そうじゃなかったら、媚びを売る訳ではなく、どうやって自分をアピールして試合に出してもらえるのか。セルフプロデュースも必要ってことなんですよね。謙虚でいることが大事だと思ってますし、周りに合わせるのが嫌ってわけじゃないですけど、どうしてもダメでした。

社会人野球の時もそうでした。全体練習が終わってから監督が残ろうと、一人でさっさと帰ってました。それで監督がいなくなったのを見計らって、またひとりで室内練習場に行っていつも打ち込んでました。見てくれている人が理解してくれればいいですけど、中には理解してくれない人もいます。プロだと関係なく結果を残せばいいんですけど、アマチュアは縦の関係や調和というのが大事なのかなと思いました。

アマチュアがどうだこうだと言っていても仕方がありません。社会人野球をやる時でも、自分にとって興南野球が原点であり、高校時代の純真な気持ちで野球をやる姿勢を見せ続けることが一番だと考えました。

バッティングでの飛距離は誰にも負けない自信がありました。大学の時に、東京ドームで大学全日本選抜対社会人選抜の壮行試合があって、ボール拾いの手伝いに行ったんです。当時富士大学の山川穂高さんが代表に選ばれていて、同郷ということで挨拶をし、色々と話をさせていただきました。山川さんのバッティング練習を見ても「へえ、このくらい飛ばすんだ～」と別に大して驚きもありませんでした。ただライト方向に打つのが上手くて器用だなって思ったくらいです。さすがに今は凄いなと思いますけど。山川さんは一学年上で、僕が中三の時に沖縄の一年生大会で中部商業の四番として宜野座《ぎのざ》球場でホームランを打ったのを見ていました。あと、山川さんが高三の時、夏の県大会決勝で当たっているんですが、決勝前の準決勝で山川さんはバックスクリーンにホームランを打っているんですよね。僕もあのくらい打たないとなぁって感じで目標にしてました。

山川さんを見て思うんですが、甲子園も出てないし、大学も地方リーグだし、決してエリート街道ではないんですよね。プロに行く人たちを見ると、ずっとチームで使われている選手じゃないとプロには行けないです。山川さんは富士大学でも一年春から四番で使われてましたから。そういう生き方もあるんだなと。

広澤克実からの熱血指導

名門明治からは数え切れないほどのプロ野球選手が誕生している。

レジェンド選手の代表格を挙げれば、戦前では夏の甲子園準決勝・決勝の2試合連続ノーヒットノーランで優勝した海草中（現和歌山県立向陽高校）の嶋《しま》清一《せいいち》、青バットの大下弘、御歳《おんとし》九四の生きた伝説〝フォークの神様〟杉下茂、戦後では1試合22奪三振の秋山登、巨人V9戦士高《たか》田《だ》繁《しげる》、〝燃える闘将〟星野仙一、と列挙しきれないほどいる。

一流選手の証は名球会入りすることだけでは決してない。２０００本安打、２００勝、２５０セーブが名球会の基準ではあり、それをクリアした選手は確かに一流選手だ。しかし、名球会に入れなかった選手が二流ということではない。

要はプロの世界で、何をどう残すかが重要だ。

明治ＯＢの広澤克実は、当時の明治の善波監督と同期であり、時間があれば母校明治

明治大学時代。最終学年４年春に
ようやくレギュラーを手中にする

僅か３年余りのJR東日本だったが、
野球人として大きな経験を得た

体の厚みと骨格はプロ級
の眞榮平大輝は、現在も
JR東日本勤務

の練習を見に行っていた。広澤といえば、九〇年代ヤクルト黄金期の四番として活躍し、のちに巨人、阪神と渡り、プロ野球史上初の巨人阪神で四番を務めた選手という実績を残した。

明治出身の大物OBの広澤も、眞榮平は大きなポテンシャルを持った選手だと感じた。とにかく、パワーが飛び抜けていた。大学野球より上のクラスで勝負できるスイングのヘッドスピードがあったのも認めている。ただ弱点もあった。ヘッドが先に動いてしまい、構えたバットが身体から離れてしまう。さらにタイミングを取るのがヘタだった。広澤は眞榮平がこのふたつの欠点を克服できれば、プロの一軍で活躍できると思った。

眞榮平が二年春の静岡沼津キャンプの時だった。

OBの平田勝男が来て選手たちにバッティングを教えていた。平田は誰が誰だかわからず、とりあえず目に付いた者を指名してひとりずつ指導していた。眞榮平も指導を受け、終わり際に平田が言う。

「おまえ、何番打っているんだ?」

「いえ、僕、試合に出たことないです」

「ん、なんでだ?」

平田は不思議そうな顔をする。そこに平田の三学年下の後輩でもある広澤が近づき、

「こいつは、今からなんですよ」

自信ありげに言う。明治は、野球部の絶対的象徴でもある島岡吉郎からの基本方針で、よっぽどじゃない限り一、二年生は使わない。二人いて同じ実力だったらプロなら若い選手を使うが、島岡は迷いもなく上級生を使う。そういう伝統が引き継がれていることもあって、眞榮平は一年生の時はみっちりと身体作りを強いられた。

眞榮平が四年になる直前の春のキャンプ中、指導に来ていた広澤は同期の善波と一緒に監督室で軽く飲みながら野球談義に花を咲かせていた。頃合いを見て、眞榮平を部屋に呼んだ。そして広澤が眞榮平を軽くチラッと見た後、善波に向かってこう言い出した。

「で、どうなんだ？」

善波はすぐ何を聞かれているか察知し答える。

「JR東日本に決まった」

「どういう指導なんだ？　打ち方を固めてしまうのなら行かせないほうがいいぞ」

広澤は真剣な眼差《まなざ》しで言う。

「こいつが春秋のシーズンで5本のホームランを打ったらプロから声がかかる。そんくらい打てるぞ、こいつ」

広澤の持論は、ドラフトの順位は関係なくプロに入ってしまえば誰にとっても同じことで、そこからが本当の勝負だというものだった。まずステージに立たないと何も始まらない。才能があるのに開花できないのは勿体《もったい》ないと思い、何とかしてやろうと思った。

当時中日のゼネラルマネージャーだった落合博満がキャンプを視察に来るという連絡をもらった時も、広澤は眞榮平を呼びよせた。

「落合さんの目は本物だから。今までの実績とか関係なく、自分の目で見て獲る人間を決める人だから引っかかるかもしれん。アピールしてこい！」

そう告げた後、夜中まで広澤は付きっきりで眞榮平の素振りを見た。

善波も同期の広澤がこれだけ眞榮平に目をかけている姿を見て、その期待になんとか応えてあげたいと思い、日本ハムの大渕《おおふち》隆《たかし》スカウトが見に来る時には、眞榮平に「今、いけー！　打ってこい」とアピールの場を設けたりした。大渕スカウトは異色の経歴で早稲田卒業後、日本ＩＢＭに就職し、その後高校教師を経てプロ野球球団のスタッフとなる。陽岱鋼《ようだいかん》（現巨人）、斎藤佑樹らの入団に貢献し、ソフトボール出身の大嶋匠《たくみ》を見出《いだ》すなど名物スカウトとして名を馳《は》せていた。そんな大渕スカウトの目に留まればと広澤ともども願っていたのだ。

とにかく広澤は明治の練習を見に行けば、練習後に眞榮平だけを残してバッティング指導に勤《いそ》しむ。自らタブレットで撮った画像を見せながらフォームの確認をし、懇切丁寧に解説したこともあった。また〝重り〟を調達し「手首が変に動くから打つ時に悪くなっちゃうんだよな。手首を強くするためには固定をしなきゃいけない。手首に重りをつけて振ってみろ。試しだ試し！　これ、掛布《かけふ》（雅之《まさゆき》、元阪神）さんがやってたから」

と固定観念に囚われず、臨機応変にいいと思ったことは試してみた。きっかけさえあれば眞榮平は必ず打てるようになると信じていた。

広澤は眞榮平に「おまえはどんな方向にもホームランを打たなくてはいけない」と言い続け、それぞれの方向に打つイメージをしながら素振りをさせた。チマチマしたバッティングをさせるのではなく、大きく育てることを念頭に入れて練習に付き合った。

欠点であるヘッドの動き、タイミングの取り方がたとえ直らなくとも、プロでは無理かもしれないが社会人で十分通用すると思った。ただ懸念していたのは、各社会人チームの監督が目指すチームカラーだ。特に、社会人は三拍子揃った選手を好む傾向がある。西武の山川穂高やロッテの井上晴哉《せいや》といった、打つことに特化した、いわゆる大物打ちのタイプは今の時代邪道扱いされてしまうことが多い。

広澤は、眞榮平を将来的にプロに送るためにはきちんと適性を見極めてくれる社会人チームに所属させることが鍵だと思っていたのだ。

明治大学卒業後、ＪＲ東日本に入った眞榮平は、環境の素晴らしさに目を白黒させた。ここ一〇年で最も多くプロを輩出している社会人チームの練習環境の充実度に、素直に感心した。

ＪＲ東日本は二〇〇九年に球場施設を一新したことで、より良質な人材が入り育成にも磨きがかかった。千葉県柏《かしわ》市布施《ふせ》に雨天練習場、ウエイトトレーニング施設、オープン戦ができるグラウンドを備え、さらに食事面まで改革をするなど腰を据えて強化を図った。そのおかげでJR東日本は二〇一一年の都市対抗野球で悲願の初優勝を飾る。翌年の一二年は都市対抗野球で準優勝し、一九年まで一〇年連続出場する全国トップレベルの強豪チームに生まれ変わったのだ。

プロを諦めていない眞榮平は、二年後、遅くとも三年後を視野に自己鍛錬に励み、技術向上のために最高の環境下で練習に練習を重ねた。

社会人一年目の秋頃、コーチに見てもらっていた時だ。

「眞榮平、だいぶ良くなったな。来年から丸子が入って来るからな」

ひとつ下の早稲田の丸子達也（広陵）といえば、身長187センチ、左打ちで眞榮平を一回り大きくしたような同タイプの長距離砲。コーチからの言葉は丸子が来るからもっと頑張れという意味なのか。それとも丸子が来るから自分はもう必要ではないということなのか。どちらにせよ、守備位置も打撃スタイルもまったく同じタイプの丸子が来ることを伝えられるということは、現状の自分が戦力扱いされてない証拠だ。眞榮平は自分の置かれた立場を把握しながら、この状況をどう打開すべきか深刻に悩むようになった。

八重山《やえやま》商工高から駒澤大、そして現在JR東日本で主将の嘉数駿《かかずしゅん》は、当時、同郷の後輩ということもあって眞榮平を可愛《かわい》がっていた。眞榮平が一年目にレギュラー争いでくじけそうになったのを見て食事に誘ったことがあった。同じく同郷で興南OBの東京ガスの我如古盛次も一緒だった。

どんな分野であれ日本一になった経験を持つ人間を尊敬する嘉数にとって、眞榮平も我如古のことも後輩であっても十分にひとりの選手として認めている。ただほんの少し意識のズレが垣間《かいま》見《み》えたため、何かアドバイスをしてあげたいと思った。

「自分たちがやってきたことに自信を持ってやってほしい。日本一を成し遂げたチームの四番、キャプテンは簡単になれるものじゃない。周りの人の支えを感じながら成長していった自分を素直に前面に出していいんじゃないか」

嘉数には、眞榮平が大学でレギュラーではなかったことで周囲に遠慮しているように見えていた。別に三拍子揃っていないからレギュラーになれないという訳ではないし、不器用不器用と周りから言われているけれど、ある意味眞榮平のその不器用な部分こそが良さだと感じていた。眞榮平は、嘉数の言葉が胸に響いたのか、その後は持ち前の明るさを前面に出しながら練習に励んだ。

社会人野球は、大学と違って大体三〇から三五名と部員数の枠が決まっている。名門ともなると、プロに行く選手の人数との兼ね合いで毎年入部数が調整されていく。ＪＲ

東日本は、毎年八名ほどの新人を獲るため、三年もたてばチームの半数以上は変わってくる。

社会人野球ではよほどのことがない限り、三年間は現役でプレーさせてもらえると言われている。だからと言って安穏とはしていられない。

甲子園春夏連覇メンバーでレフト七番の伊禮伸也は関東学院大学から日立に入ったが、たった二年でクビになった。その知らせを聞いた時、眞榮平は驚いた。関東学院で四番を張り、最終学年に神奈川大学野球リーグの首位打者を獲った、あの伊禮がたったの二年で……。他人事《ひとごと》じゃないと思った。自分も崖っぷちの状態だと認識した上で、さらに火がついた眞榮平はガムシャラに野球に取り組んだが、大学同様JR東日本でもレギュラーを奪い取ることはできなかった。

眞榮平と同期入社の田嶋大樹《たじまだいき》が二〇一七年オリックスにドラフト1位で指名されるのと対照的に、一一月のオープン戦の数日後、チームから数人が呼び出される。〝上がり〟と言われ、戦力外の選手が事実上の引退を通告されるものであり、眞榮平も呼び出しを喰らった。たった三年間の社会人野球だった。

「僕は野球に関しては社会人三年目までの人間なんです。だから野球を語る時はそれ以上のことを言ってはいけないんです」

眞榮平は野球について人に聞かれる時は、己の野球人生にきちんと線引きをするため必ずこう相手に伝えているそうだ。

今、こうして現役を退いたからこそ振り返ってみると、大学野球は緻密さ、正確さ、さらに野球に特化した頭の良さも求められると感じた。一方で社会人野球は、攻走守のすべてにおいてさらにハイレベルなプレーを要求される。そして何よりも最後のチャンスなので全員が死に物狂いでプロを目指してプレーしている。

眞榮平は、大学、社会人野球と年齢やステージが上がっていくにつれレベルが高くなり、それと比例するかのように試合出場の機会も激減し、悔しい思いを重ねてきた。名門明治では、全国から集まる強者たちと一緒に高いレベルの野球に触れることで自分の能力を計ることができた。明治OBの広澤からマンツーマンで教えてもらいながら練習に励み、チャンスも与えられ一時はレギュラーになったが、継続して満足な結果を残すことができなかった。

社会人の名門JR東日本に入り、原点に立ち戻ろうとなりふり構わず野球に取り組む。だが、どうしてもレギュラーを奪取できない。それでもプロに行く思いは萎まなかった。本来は、プロに行くことが大事ではなく、プロで活躍し続けることが重要なのだ。それも十分にわかった上で、まずはプロのステージに立たねば始まらないと思いを膨らませた。ただ、眞榮平の目標があまりに具体化しすぎて、いつの間にかゴールと混同しかねない時もあった。正直、プロになれなかった悔いは残ったものの、今までやってきたことにまったく悔いはない。

そして真摯に野球を続けてきた眞榮平は、あることに気付く。自分の弱さを周りのせいにしてはならない。それは卑怯者《ひきようもの》のやることであり、自分のケツは自分で拭く重みを知った。だから眞榮平は、己の力の足りなさを認め、すべてを受け入れた。

世間から見れば、〝あの人は今〟的な部類に含まれるのかもしれないが、それがどうした。何も恥じることはない。

プロを目指してずっと努力をし続けてきたからこそ、今でも眞榮平は臆しもせずはっきりとプロに行きたかったと言える。結果を残せなかったが、やるべきことをやってきた糧と意欲は、一生の財産として残る。

いつかまた野球界に戻ってきたいという思いを実現させるためにも、眞榮平は現在JR東日本での通常勤務を遂行し、経験と実績を積んでいく時期だと認識している。

【眞榮平の証言3】

高校の時は誰よりも努力していた自負がありました。炭酸飲料も一切飲まずに、寮では一番バットを振っていましたから。とにかく打ちたいという一心でした。ガンガン打てばプロに繋がると思ってましたから。

貪欲さがないって言われれば、そうだと思います。

大学では、プロに行った糸原、福田に比べたら貪欲さも努力も足りなかったと思います。あいつらは信念があって、自信を持ってやっている。僕は変に頑固で、監督の前で練習することは媚びを売っているように感じてしまって、そんな練習はしたくないってほざいていました。あいつらからしたらバカなことを言ってるなと思っていたはずですよ。つべこべ言わずに目の前のことを一生懸命やるのが当たり前だと思っている二人ですから。二人とも社会人からプロに行って一年目からレギュラーと同等の活躍ですから、やっぱり凄いですよ。

広澤さんにはずっと目をかけてもらって本当にお世話になりました。広澤さんが当時の監督だった善波さんと明治大野球部で同期なので、試合に使うように推薦してくれていたのは知っていますし、本当にありがたかったです。毎年明治の卒業式が終わった後日、広澤さんが四年生を集めて食事会を開いてくれるんです。僕の卒業時の食事会に、ちょうどヤクルトの監督に就任したばかりの真中《まなか》（満《みつる》、元ヤクルト監督）さんが来てくれたんです。僕と福田を指して広澤さんが「この二人は社会人に行くけど見といてくれな。二年後（ドラフト）頼むぞ」と真中さんに言うんです。なんとか期待に応えようと頑張ったんですが、結果が出せずに申し訳ない気持ちでいっぱいです。

大学でレギュラーになってない自分は自信が足りなかったかもしれません。今思えば大学時代はふわふわしてました。大学の時は週に一回休みがありました。高校時代毎日当たり前のように練習していた人間からすると、休みの日に何をしていいか戸惑ってしまうものなんです。初めて時間的にも余裕ができる大学では自主性が求められるため、もっと自分自身を突き詰めなきゃいけない中でサボってたんだと思います。

社会人の時は開き直った分、「打ってやろう」と強い気持ちを持つことができました。社会人になって「自分はエリートじゃないし、たまたま拾われただけ。ここから地道にやるしかない」と切り替えができ、素直に受け止められました。

社会人野球をやってわかったのは、学生と社会人の境界線が想像以上に大きいということ。ある意味、考え方が一変します。野球のレベルでは社会人が高くて、大学が低いということはないです。練習試合をしても大学が必ず負けるわけではないですし、とにかく考えや取り組み方がガラッと変わるんです。

会社に入ってすぐに「なんでうちの会社に野球部があるかわかるか？」と会社としての野球部の存在意義を問われるんです。大人たちが都市対抗を目指して練習をして、本気でどなり合って選手同士が喧嘩《けんか》になるんです。大学ではよっぽどのことがない限り廃部にはなりませんが、社会人は都市対抗に出られなければ、いつ廃部になってもおかしくありません。それだけシビアですし、大人たちが真剣になって戦っている場なんです。

社会人になったら、ある意味高校のサイクルに戻ります。朝起きて仕事の代わりに野球をし、〝こいつに負けたくない〟と意識し、自己研鑽《じこけんさん》していかなければなりません。

みんながプロを目指してやっていますのでピリピリしています。もう少し社会人で野球が出来ていればと思いますね。


眞榮平はあの夏からいまだ完全燃焼できていないのかもしれない。

でも、あの夏、眞榮平の一打が間違いなく僕らに大きな勇気を与えてくれた。


二〇一〇年夏の甲子園準決勝興南対報徳学園。

7回についに5対5の同点に追いついた。

球場全体が興南の押せ押せムード。これが王者の底力か。1アウトランナー三塁で四番眞榮平が打席に向かった。

報徳はピッチャーを代え、一年生の田村伊知郎《たむらいちろう》（現西武）がマウンドに上がる。

入念な投球練習が終わり、さあプレー再開。眞榮平はゆっくりとバッターボックスに入り、拳を作った左手の親指の付け根あたりで軽く口を押さえながらベンチを一瞬見た。

そしてすぐに左手の拳を開いて口に当てながら右手一本でバットをピッチャー寄りに掲げてから両手でバットを持ち、気合を入れた。

報徳のピッチャー田村、セットポジションから第1球を投げた。

「ガキッ!」鈍い金属音が鳴る。

ボールは前進守備のセカンドの右横を抜けていく。三塁ランナーがホームに還ってくる。

「セーフ、セーフ!」

眞榮平、今までの鬱憤を払うかのような執念の一打で逆転。

6対5。興南が、ついに逆転。

劣勢を強いられていた興南が、報徳に追いつき、そして逆転したのだ。

あれから一〇年。

行き場を失いながらも自分の中で沸《たぎ》る炎を抱えている。

まだ何も終わっちゃいない。

人生のスコアボードは記されたばかりだ。

第四章

本音の辺野古

我如古盛次

我如古盛次《がねこもりつぐ》

1992年7月生まれ。沖縄県名護市出身。身長170cm、体重77kg、右投げ右打ち。久辺小4年から軟式野球を始め、中学では石川ポニーで全国大会出場。興南高校1年秋からベンチ入り。2010年春夏甲子園連覇では通算25安打を積み上げる。立教大では1年春からリーグ戦に出場、4年時にはキャプテン4番でチームを引っ張る。東京ガスに入社し、18年野球部を引退。

■興南高校時代　甲子園成績

2010年春		打数	安打	打点	本塁打	四死球	
	関西	4	3	1	0	1	
	智弁和歌山	5	5	1	0	0	
	帝京	4	2	2	0	0	
	大垣日大	4	2	1	0	1	
	日大三	6	1	0	0	0	
通算成績	**5 試合**	**23**	**13**	**5**	**0**	**2**	**打率 .565**

2010年夏		打数	安打	打点	本塁打	四死球	
	鳴門	5	3	0	0	0	
	明徳義塾	4	1	1	0	0	
	仙台育英	4	1	1	0	0	
	聖光学院	3	0	0	0	1	
	報徳学園	5	4	2	0	0	
	東海大相模	4	3	4	1	0	
通算成績	**6 試合**	**25**	**12**	**8**	**1**	**1**	**打率 .480**

■立教大学時代

	試合数	打数	安打	打点	本塁打	四死球	打率
11 年春	8	12	1	0	0	2	.083
11 年秋	8	10	1	1	0	2	.100
12 年春	4	8	2	0	0	1	.250
12 年秋	2	3	0	0	0	0	.000
13 年春	7	24	9	6	0	2	.375
13 年秋	13	45	10	4	1	2	.222
14 年春	13	41	13	6	0	4	.317
14 年秋	13	44	9	5	1	4	.205
通算成績	**68**	**187**	**45**	**22**	**2**	**17**	**.241**

私は沖縄が大好きだけど、嫌いだ。

この言葉を額面通りに受けとってもらっては困る。愛が強ければ強いほどちょっとした綻《ほころ》びから憎しみが生まれる。つまり、愛憎一体ということだ。

誰もが小学生くらいの頃に学ぶと思うが、集団で生きていく中で一番重要なことは、互いに気持ちを理解して助け合うこと、つまり互助の精神だ。では、この世の中で一番醜悪なこととは何なのか、それは人を欺き騙《だま》すことだ。この世の中、助けるふりをして相手を騙し、己の利益を高めるというようなことが日常茶飯事だ。人は欲望を満たすためならなんでもやる生き物なのだ。このあたりが沖縄に対しても時に思うところだ。

沖縄に移住して丸一一年。

多くのことを学んだ。経済と政治がこれほど連動している地域に住むのは初めてであり、沖縄の歴史、近代史を学ぶ度に日本の構造が丸分かりになっていくことが特に衝撃だった。

沖縄といえば、常に〝基地問題〟に晒《さら》されている。普天間《ふてんま》基地移設問題、辺野古《へのこ》への土砂投入、日米地位協定……、ここ二〇年の間ずっと議論され続けている。しかし、何ひとつ解決案が見出されていない。〝日本でありながら日本ではない沖縄〟は、時の為政者に上手く利用され、南の小さな孤島として首輪をずっと固く繋がれたままである。

沖縄に住んでいて感じるのは、沖縄の若者たちは政治の動きにとても敏感だということ。彼らは政府が誤魔化しの連続の伏魔殿だということは疾《と》うに知っている。沖縄への在日米軍基地集中の理由について政府は「米海兵隊と自衛隊との一体運用の必要性」や「県外全面移設による抑止力の低下を防ぐため」などと曖昧な見解でしか述べていない。さらに沖縄に基地を置く論理的根拠をきちんと説明できた政治家、官僚など誰一人としていないことも沖縄の若者たちは知っている。

そもそも名護市辺野古に普天間基地の代替施設を作るという案は、一九九六年の普天間基地全面返還合意により、辺野古移設案が計画として浮上してきたと同時に生まれた。その後、計画案自体も再検討される中、二〇一〇年ついに県外移設は不可能だという結論に達し、辺野古のキャンプ・シュワブへの移設で決着する。そして二〇一三年一二月二五日、当時の仲井眞弘多《なかいまひろかず》沖縄県知事が沖縄の要望通り毎年三〇〇〇億円台の振興予算を国に確保してもらうのを条件に、辺野古の大浦湾の埋め立てを承認し、「これでいい正月を迎えられる」と発言したため沖縄県民に猛烈な反発を喰らった。ここからだ。名護市辺野古がさらに全国的に注目され始めたのは。

今や普天間基地移設反対ではなく辺野古新基地建設反対運動となり、その運動の中心となっている辺野古にあるキャンプ・シュワブのゲート前に住民による反対運動のテントが連なる光景を一度は映像で目にしたことがあるのではないだろうか。

そんな住民の思いとは裏腹に、全国的に注目されている人口二八〇〇人程度の名護市久辺三区（辺野古、豊原、久志《くし》）から、なんと三人の甲子園優勝球児が生まれているのだ。一九九九年春のセンバツ甲子園で優勝した沖縄尚学のエース比嘉公也《ひがこうや》（現沖縄尚学監督）、二〇一〇年興南高校春夏連覇メンバーのキャプテンの我如古盛次とライト五番の銘苅圭介だ。

比嘉は辺野古出身で、我如古と銘苅は辺野古地区に隣接する久志出身である。そしてなんと二〇二〇年の今年、春夏連覇の偉業を讃えて我如古と銘苅のモニュメントが久志に建てられる予定だという。二〇代でのモニュメント建造は、まさにモハメド・アリ以来の快挙である。

そんな彼らに興味をそそられた。沖縄北部、それも辺野古周辺に住んでいた彼らの持つスピリッツがどんなものなのかを知りたい衝動に駆られたのだ。

キャプテン我如古盛次

我如古盛次と初めて会ったのは、興南春夏連覇メンバー数人が集まる会食に飛び入り参加させてもらった時だ。

春夏連覇から一〇年近く経ち、面々が大人になっている。二七、八歳になっているのだから、当時と同じ風貌のわけがない。一〇年前のクリクリ坊主で野球帽を被《かぶ》っている姿しか印象にないため、パッと見ただけでは誰が誰だかわからない。じっくり顔を見渡すと、微妙に離れ目の人懐っこい顔がいる。あ！　キャプテンの我如古だ。急いで駆け寄った。

「変わってないねー」

「そうですか!?」

「大きくなったねー」

まるで親戚のおじさんかのように話してしまう自分がいた。

「キャプテン、どうよ、最近？」

「僕、一昨年上がったんです」

「え、生理が!?」

「違いますって（笑）。血圧です」

グッジョブ！　さすがキャプテン!!　ちゃんと突っ込みながらボケてくれた。

〝上がる〟とは〝引退〟を指す。我如古は二〇一八年一二月で東京ガス野球部を引退して社業に専念することになり、現在集合住宅向けのガス契約等の営業を任されている。

「僕、甲子園で記録を作ったんですよ」

甲子園について触れると即座に出た言葉だ。

センバツ大会タイ記録となる8連続安打。当時、大騒ぎされた記録でもある。

春のセンバツの打率が5割6分5厘、夏の甲子園では4割8分。甲子園で打ちまくった。

その場には、眞栄平大輝、国吉兄弟、安慶《あげ》名舜《なしゅん》といったメンバーがいた。各々に甲子園の質問をしていくなか「夏大（夏の大会）前、夜に素振りしていて、これは絶対打てるという感覚になったんですよ」と我如古が言うと、「そうそう。自分が（甲子園で）打っている姿が想像できたもんな」国吉大陸も続けざまに言う。他のメンバーも頷《うなず》くように「絶対打てる気がした」「打てるのが当たり前に思えた」と互いに言い出した時、場の空気がそこだけ熱っぽくなり、一体化したのだ。みんなが一瞬であの頃のきつかった思いを共有して同化し、熱量を発したのだと思える。これが春夏連覇したメンバーの誇りと自信なのかと、思わず神々しく感じてしまった。

「そうだ、僕のこと、本に書いてくださいよ！」

アルコールが入った勢いなのか我如古が唐突に言い出す。反射的に我如古の顔をまじまじと見ると、満面の笑みの中にどこか寂寥感《せきりょうかん》がうっすら滲み出ているようだった。野球を引退した今だからこそ、自分の甲子園の活躍を記録に残したいという意味で言ったのかもしれない。とにかく我如古が人懐っこい顔で発した「本に書いてくださいよ!」という言葉が妙に頭に残った。

初対面での印象もあって、我如古への取材は楽しみで仕方がなかった。

どのメンバーに聞いても「盛次にチームのみんながついていった」「盛次がいなかったらチームはバラバラになっていた」「やっぱり盛次がキャプテンとして引っ張ってくれた」と重責を果たしたキャプテン我如古への賛辞の声ばかり。どのメンバーもキャプテンとしての我如古のことを心から褒め讃えている。この我如古の求心力があったおかげで、チームがひとつにまとまることができたのは容易に推測できた。

ああだこうだ言わずに、背中で引っ張るタイプの我如古盛次は、高校時代暇さえあれば、夜もひとり黙々とバットを振り続けていた。貪欲なまでにプロを目指していた眞栄平でさえも「二週間に一度の外出日に素振りをしようと早く寮に戻ったら、先に盛次が素振りをしていたのには驚いた」と言うほど、練習熱心で努力家だった。

取材用の資料として一〇年前の『甲子園の星』に掲載されていた夏の甲子園登録メンバーのコピーを見せると、「将来の夢は、石油王ですかぁ。バカですね」我如古は自分のプロフィールを見て、半ば感心しているかのようだ。

確かに、他のメンバーは公務員、指導者、会社員と至っておとなしめの職業を挙げている中、キャプテン我如古だけは将来の夢を〝石油王〟と記載している。こういった規格外なことを書く選手がひとりくらいいてもいい。我如古はまったく覚えていないらしいが、なぜか〝石油王〟と書いた自分が誇らしげである。

「将来の夢が石油王だったから、今、東京ガスに勤めているんだね。繋がってますね」

無理矢理、こじつけの言葉を投げかけた。そんな不思議な流れで取材が始まった。

はじめは、生まれ育った辺野古周辺地区について質問をしていった。しかし、我如古は何かを察知したかのように、こちらの言葉を遮るように急いで口を開く。

「高校から那覇に出てしまったので辺野古のことはよくわからないです」

顔を少し曇らせながら言う。それでも私は質問を投げかける。

「小さい頃は共同売店があって、そこではサインをすれば一家族一〇万円まではお金を払わずに買えました。でも共同売店ですから大した物なんてないですよ。肉は売ってないし、魚はちょっとだけ、主に野菜です。小学生までは住民だったら普通に米軍基地に入れてましたね。確かイラク戦争が始まってからは出入りがダメになったはずです」

我如古は「高校から辺野古を離れてしまったのでわからないですね……」とここまでしか話さないという姿勢を示す。こちらも是が非でも基地問題について言及しようとは考えてないので、これ以上掘り下げて質問するのをやめにした。

我如古の母みよりにも話を聞いてみた。

「盛次が幼稚園年長の時に那覇から旦那の実家の久志に移ってきて、小学校一年から辺野古の団地に五年間住んでいました。私がもともと那覇出身なので、久志に来た時は友だちも誰もいないし寂しくて、さとうきびの揺れる音を聞きながらいつも泣いてました。そうやって私が泣いていた後に、森山良子《もりやまりょうこ》の♫ざわわの『さとうきび畑』の唄ができたんです。♫ざわわの歌詞は、私が泣いている様子を書き写したようなものですから」

母みよりは興南野球部メンバーの中でも有名で、盛次がいなくても島袋洋奨や国吉ツインズたちと連絡を取り合って飲みに行く仲でもある。まさに肝っ玉母さんとはこのことである。

「小さい頃から盛次はめっちゃ負けず嫌いで有言実行する子どもでした。ひとつ上にお兄ちゃんがいるんですけど、性格はまったく違います。盛次は三人兄弟の真ん中ですが、ちょっと特殊かな。小さい頃から盛次は私に対して『天狗《てんぐ》になるな』、『できないことは言うな、できることを言え』と言うんです。まあ、確かに盛次が言うのも一理あるかもしれませんが、なんで幼い盛次に言われなくてはならないのかと思い、ムカついてムカついてしょっちゅう盛次と喧嘩してました」

肝っ玉母さんのみよりがいたおかげで盛次はすくすく育つことができた。

とにかく我如古の高校卒業後の状況を知りたくて、大学時代のことをあれこれと聞いているうちに「僕は野球がそんなに好きってわけじゃなかった感じですかね」我如古はボソッとこう呟く。俗にいう照れ隠しの言葉かと思いきや、そういう感じでもない。

閉会式にて夏の優勝旗を受け取るキャプテン我如古。明徳義塾、仙台育英、聖光学院、報徳学園、東海大相模と強豪校を破っての優勝は、誰からの文句もつけようがない

高校代表でアメリカ遠征に行った際、エンゼルスタジアムでアメリカン美女を真ん中に記念撮影。左は眞榮平大輝

何か、奥歯にものが挟まった感じで、この気持ちは誰にも理解されないだろうなといった虚《うつ》ろな物言いだった。

「名護の久志から甲子園に憧れて興南に入学して、強豪校の練習を積みながらキャプテンになって、チームをまとめて春の甲子園に優勝しました。そして春夏連覇に向かってキャプテンとしてチームを引っ張っていくところに魅力を感じ、中学校から夢見ていた野球人生が最後の夏で完結してしまった感じですかね。大学での目標が漠然とプロに進むことしかなくて、そこにギャップがあったのかもしれません。六大学で優勝への意欲を燃やすというのがあまりピンとこなかったです」

普通は自分をよく見せたがるものだが、ここまであけすけに言う我如古の言葉に嘘はないと見る。

春夏連覇のキャプテンで甲子園通算打率5割以上、立教大学で即戦力ルーキーとして期待されるのは当然だった。

しかし、我如古は大学入学当初から野球に対してモチベーションが上がらなかった。言ってしまえば、燃え尽き症候群。「高校時代は、自分の手で沖縄の野球を変えたいと強く思っていました」と我如古が言う通り、沖縄出身者のみで春夏連覇したことは沖縄の野球を確かに変えてみせた。大いなる野望を達成したため、次なる確固たる目標を見出せないまま我如古は大学進学のために大都会・東京に出てきた。

正直、高校入学時は名護市久志から都会の那覇に出てきたことで、すぐに学校を辞めて久志に帰ろうと思ったほどホームシックにかかった。それでも、甲子園に出るという夢を叶《かな》えるため寮生活に耐え忍んで頑張った。高校で寮生活に慣れたからといっても、沖縄を離れた東京での大学の寮生活はまた意味合いが違う。初めての東京生活に戸惑いを感じ、ここでもすぐに帰ろうと思った。家に帰ろうではなく、〝沖縄〟に帰ろうと思ったのだ。

大学一年春のリーグ戦からベンチ入りし、8試合出場してヒットは1本しか打てず、大学野球の厳しさをあらためて実感した。とにかく、南国沖縄と180度変わった環境についていけず、野球でも結果を残せなかった。初めて体験する内地の冬の寒さ、体調管理の難しさが我如古の野球への意識を徐々に狂わせた。プロへ進むという目標を掲げてみても、絶対にプロに行きたいという強い意志があるわけでもない。あまりに茫々《ぼうぼう》たる意識のため野球に情熱を傾けるほどのモチベーションとはならなかった。

「沖縄にいた時には、六大学の凄みを知らなかった。大学に入って凄さに気づいたし、長嶋（茂雄、元巨人）さんの母校であることも入学して知ったくらいでした。そもそも立教大学と立正大学は何が違うのかなと思ったくらいですから」

これはネタではなく我如古が本気で思ったことだ。そもそも高校を卒業するまで、六大学自体を知らなかった。

高校三年時、我如古が練習中にコーチと何気ない会話をしている中で、コーチからこう言われた。

「我如古、早慶戦ってやっぱり凄いぞ」

「早慶戦って、戦争のことですか？」

我如古は早慶戦という言葉を知らず、てっきり戦争の名前かと思ったという。

純真無垢《むく》というか、汚れを知らない我如古が都会の空気に早々に馴染めるわけがない。とにかく都会に慣れようと必死にもがいていた。

大学入学当初は高校時代と同じくホームシックにかかっていたため、上京している興南メンバーたちと一緒に立川か新宿の居酒屋「一休」に集まるのが唯一の楽しみだった。そこで東京生活の愚痴を互いに言い合い、発散していた。

高校時代は沖縄県北部から入学したメンバーだけがホームシックにかかっていた。しかし今回は大学上京したほとんどのメンバーがホームシックにかかっていたこともあってか幾分孤独感は紛れた。高校時代の仲間と飲んで気晴らしできても、大学の寮に帰れば現実問題が降りかかってくる。大学一、二年の頃は、本気で野球を辞めたいと考えていた。

何を目標にしたらいいのか……、我如古にとって高校時代のように燃えたぎるほどの熱い思いを得ることができなかったのだ。それは、夏の甲子園が終わって高校日本代表に選ばれ、山田哲人（現ヤクルト）や後藤駿太（現オリックス）たちに会ってしまったことが原因とも言える。

我如古は、山田や後藤といった後にプロに行く選手たちと海外で一週間過ごしたおかげで、本当にプロを目指す選手の気質を間近で見た気がした。最初からプロを目指して野球をやっている選手と、沖縄の高校野球を変えるために甲子園に行くことを目標としていた自分とでは、土台があまりに違う。要は、覚悟が違ったのだ。

たまたま甲子園で結果を残しただけで、プロを目指そうとはすぐには思えなかった。

「大学二年の時、気持ちが切れたというか、東京生活にも慣れず、二年間結果も出せなかったのもあって、もう野球を辞めたくなったんです。監督に『野球に対する意欲がなくなりました』と伝えました。野球を辞めたいという気持ちを誰にも言わずにひとりで抱えてた分、監督に思いの丈を吐き出したことですっきりしたんです。監督といろいろと話した上で『大丈夫だ。おまえは上を目指せば絶対に行けるから、もう一回頑張ろう』と言われて、またやる気が出てきました。やはり、ずっと抱えていたのをすべて吐き出せたことが良かったんだと思います」

我如古はどうしても慣れない東京生活へのストレスに加え、一年春から試合に使ってもらっているのに結果が出ないジレンマと戦っていた。恒例の月一の興南同期会飲みでは、みんなが思い思いの愚痴を吐き出しているのに、我如古だけは当たり障りのないことを言ってお茶を濁していた。大学の監督から期待されているというプレッシャーが我如古の心を押し潰していく。誰にも胸の内を明かすことができず、野球を辞めたいと思うようになった。ここから逃げ出したかったのだ。

我如古は高校の時点で燃え尽き症候群になってしまったことで周囲の思うがまま、流されるように大学へと進学し、そのまま野球を続けた。

思うに、自分の意思をはっきり示さないまま大学二年間を過ごしたため、どんどん増幅する悩みを打ち明けることができなくなったと見る。地方出身者が上京した際、環境が一変する中で順応するきっかけが摑めず、ひとりで悩みを抱えて籠ってしまう傾向がある。最悪な状態に陥ることだって無きにしも非《あら》ずだ。

我如古は心身ともにギリギリの状態となったが、たったひとつだけ残っていたものがあった。〝無垢な心〟だ。だから、意を決して監督にすべてを吐露することができたのだ。逃げることをせずに正面からぶつかった我如古の選択は間違っていなかった。

誰にも言えなかったことを一番期待してくれている監督に吐き出したことで、我如古の心を押し潰していた重石《おもし》を取っ払うことができたのだ。それからは、憑《つ》き物が取れたように我如古は野球に集中することができ、大学三年から頭角を現した。そして最終学年の大学四年時にキャプテンに任命された。

大学四年最後の秋のリーグ戦で、一九九九年以来30季ぶりの優勝へと迫る明治に対し

立教時代、持ち前の勝負強さと長打力を発揮し、最終学年では四番を張った

2014年８月新潟で開催された六大学オールスターゲームで、立教主将の我如古と興南同期の法政主将の安慶名舜（右）の一塁側ベンチ内での語らい

「あと1勝」というところで、2対8と力尽きた。

我如古は最後のシーズンで優勝争いができたことで、六大学リーグの煌びやかさとその伝統の重さをようやく体感できた。立教入学から二年間は苦労したが最終学年時にキャプテンで四番を打ち、優勝争いに絡めた。「野球が嫌いかも……」と嘯《うそぶ》いても、本心では野球が好きで好きでたまらないのだ。大学で結果を残した途端、欲が出たことで社会人でも野球をやる意思は固めた。そんな思いとは裏腹になかなか社会人チームから声がかからない。170センチという小柄な体格、そして伸び代の期待値もネックになり、どこの企業も獲得に二の足を踏んだのだ。

ジッとしていても始まらない。我如古は自ら企業チームの練習に参加しようと考えた。売り込みだ。

我如古は、社会人の名門東京ガスの練習に参加し、必死にアピールをし続けた。その結果、当時の菊池壮光《たけみつ》監督に「面白いタイプの選手」と認められ入社が決まった。

我如古は、とにかくがむしゃらに突っ走った。

興南同期の島袋がソフトバンク、眞栄平がJR東日本、伊禮が日立、安慶名がHondaと、名門大学に行ったチームメイトがプロまたは社会人野球に順当に進んでいる。負けてはいられない。大学四年時に復活した我如古の闘志はさらに燃え続ける。

東京ガスで同僚だった濱田《はまだ》晃成《こうせい》（現シンバ）が語る。

「春夏連覇の興南キャプテン、立教大学出身の我如古盛次とネームバリューは凄いけど正直、最初の練習を見たら勝てるなと思ったんです。春のキャンプで最初に行うオープン戦は新人が起用されるんですけど、この試合でガネさん（我如古）は右中間にスリーベースを打ったんです。三塁にヘッドスライディングした時は、やっかいなのが来たなーと思いました。結局、トータルで見たら試合にはほとんど出ていないんですが、あの試合で衝撃を受けたことは覚えています。我如古盛次の勝負強さを見ました。ガネさんは、腐らないし、絶対にマイナス思考の発言はしない。二〇一七年に自分かガネさんのどちらかがクビだろうという状況で自分がクビになったんですけど、ガネさんが残るのならと納得しました。ガネさんが残った決め手はやはり人間性だと思いますね」

我如古は、先輩にも後輩にも愛されながら東京ガスの野球部にとってなくてはならない存在だった反面、試合出場はおろかベンチにも入れない日々が続く。

「社会人は四年間だったのですが、ほとんど試合に出ていないので苦しかったですね。自分が出られない理由って、周りを見たらわかるじゃないですか。そこが辛かった」

我如古なりに振り返って、振り絞った答えでもあった。

「試合に出られなくて嫌だなっていう気持ちはいつもありましたけど、その中で自分の生きる道を見出そうとしながら、足も遅いので代打としてバッティグを極めようとした社会人時代でした。レギュラーは諦めました。イップスにもなりました」

ここに来てもまたも〝イップス〟という単語が飛び出した。

「今まで投げ方など考えたことがなかったのに、考えて意識するようになってから急に投げられなくなりました。高校の時は我喜屋監督から一切教えられずに伸び伸びとやってきたので、投げることに関しては思うがままにやってました。考えたらダメなんですよね。キャッチボールもほぼほぼできなくなりました。ノックの時も、ポジションがサードからファーストになり、そして外野になり、最終的にはノックにも参加できなくなり……って感じでした」

苦笑いしながら我如古は寂しそうに振り返る。

甲子園の申し子かのように春も夏も打ちまくり、投のエース島袋に次いで、打では完全に主役に躍り出たヒーローだった。ゴールデンルーキーとして立教に入り、試行錯誤するものの三年春から頭角を現し、四年時にキャプテンとして最後の秋のリーグ戦で優勝争いまでした。大学四年になってようやく六大学の素晴らしさを体感でき、社会人野球のステージへと上がった。しかし、そこでは決して牙城を崩せない大きな壁に阻まれた。

「社会人になって試合に出られなくなっても何ができるかを考えてやってましたし、二〇一八年に引退しましたが、まったく後悔はないです。野球を辞めても次のステージにどうやって進むのかを考えていますし、我喜屋監督をはじめ指導者の方々には感謝し

東京ガス時代は、ベンチに入れない悔しい日々も続いたが、持ち前のガッツでチームを盛り上げ続けた

現在は、東京ガス営業部で活躍。
大きな夢の先には……

かないです」

社会人野球は四年で終わった。

「プロ野球は全然観ないですし、同級生の山田哲人の活躍は凄いですけど、羨ましいとは思わないですね。指導者になるイメージもないですね。だって僕の夢は石油王になることですから（笑）」

社会人野球部員は午前中に社業をこなして、午後から練習というのが基本スケジュールといわれている。

名門社会人チームだと業務は免除され、野球だけに専念できる。つまり野球をやって金をもらえるプロと一緒だ。だから、二五から三〇歳手前で引退してからは、一から新卒と同じように仕事を覚えていかなくてはならない。中には元野球部の人間を「野球部上がり」と揶揄《やゆ》する社員がいる。何もわからない新卒社員と同じため、大企業のエリート階級の社員たちは「野球部上がり」を毛嫌いする傾向がある。そういった部分をどう思うか聞いてみた。

「当然あると思います。会社にはいろんな人がいますから。可愛がってくれる人もいれば、そうでない人もいて、どこでも同じだと思います。対応することはそんなに難しいことではなく、気にせずに業務に専念するだけです。あんまり苦ではない」

サラッと言った。ここが我如古の強いところだと思った。気にしなければいい、簡単に言うがこれが一番難しいことである。人は他人の目を気にする動物だ。人からの評価を求め、誰でも承認欲求を潜在的に持っている。人の目を気にせず、人からどんなことを言われてもへこたれない。そんな人間になれたらどんなにいいことか。

我如古盛次の凄さは、人ができないようなことをサラッと言いのけ、それを実行できるところだ。何も考えていないようでじっくり熟考し、納得したら行動あるのみ。高校時代から言われている背中で引っ張るにふさわしいキャプテンシー溢れる男だ。次のステージでも持ち前のキャプテンシーを発揮し、きっと何かを成し遂げるに違いない。だって、我如古の将来の夢は〝石油王になること〟なんだから。

「我如古は責任を感じさせないと野球ができない奴ですよ。だからあいつにキャプテンをやらせることは適任なんですよね。奴はオンとオフはまったく違います。オフはポンコツですから」

我如古のことを〝奴〟呼ばわりで、ここまではっきりと言えるのは、同じ名護市久志地区出身の銘苅圭介だった。

野生児・銘苅圭介

現役の社会人野球選手の顔つきはやはり違う。精悍な上に厳しさが宿っている。

五番ライト銘苅圭介は、レギュラーメンバーの中でキャッチャーの山川大輔と並んで、いまだに現役でプレーしているうちのひとりだ。

春夏連覇メンバーの中で、野手で一番プロに近い選手は誰だったかと尋ねると、満場一致で銘苅圭介の名が挙がる。あの島袋洋奨にも「銘苅は足もあり、肩も強く、身体能力が飛び抜けていました。六大学や東都といった中央球界できちんと野球をやっていたらプロの世界も開けたかもしれません」とまで言わしめた。

高校時代、ライトで五番の左投げ左打ちの銘苅は、打ってよし、走ってよし、守ってよしの三拍子揃った選手。野球に特化した頭脳も良く、ホームランを打った次の打席の長打を警戒される場面でセーフティーバントができる。敵将からは、非常に嫌がられる選手でもある。

地元沖縄県名護市の公立名桜《めいおう》大学に進学し、二〇一二年大学日本代表（九州選抜）でオランダへの遠征も経験済みだ。大学卒業後、沖縄県社会人野球エナジック、ミスター金城《きんじょう》を経て、今年（二〇二〇年）創設された沖縄県社会人野球シンバネットワークアーマンズBCで野球を続けている。

メンバーたちに銘苅のことを尋ねると「銘苅は沖縄から出たくなかったから」という類の声が必ず聞こえる。首都圏にある名門大学で野球をやっていればもっと可能性が広がったのに、という口惜しさも含めて皆が口々に言うのだ。

他のメンバーがそれほどまでに賛辞を贈る銘苅圭介という男は、一体どういう男なのだろうか。地元に固執する理由も知りたかったし、我如古と同じ久志出身ということもあって、変に高揚する自分がいた。

「プロ野球選手になりたいと思ったことがないですね。プロで活躍して周りからチヤホヤされるのって、なんか違う自分を出さなきゃいけないと思うし、プライベートがない感じがして嫌ですね」

意外に冷めているというか、あっけない言葉が返ってきた。天性で生きている男は、得てしてそういうものなのだろうか。

メンバーから話を集めた上での銘苅のイメージは、天性の野生児、沖縄の黒豹《くろひょう》といった感じだ。当時、銘苅の身体能力を上回る選手など県内にいなかった、これがメンバー内での評価だ。我如古が、「銘苅は、小学校まで右でも左でも投げられましたから。どっちにしようかなって言って、ピッチャーだから左にしよってなったんです。ありゃ、化け物です」と驚き顔で言ったことも印象的だった。

「我喜屋監督からは『県外（の大学）へ行け』と言われました。今になって監督が言っていたことの本当の意味がわかりました。県外に行けばよかったかなとも思いますが、高校も私立だし親に負担かけられないし、国公立は学費がめっちゃ安いですから。膝も悪かったので、もともと大学で野球をやるつもりもありませんでした」

これほどの能力を持った銘苅を大学側が放っておくはずがない。銘苅が、その気になれば日本有数の名門大学にも余裕で入れた。しかし、そんな話に見向きもせず、誰にも相談せずに地元名護市にある公立名桜大学へと進学する。初めは野球部にも入らなかった。地元に残り野球部にも入らなかった要因は、膝の怪我だった。

高校二年の一二月に左膝を手術し、春のセンバツで優勝した後にも二回目の手術をし、卒業前にも手術をした。銘苅は、高校時代に両膝の半月板を痛めたことで100パーセントの状態を維持できないまま野球をやるしかなかった。

「やっぱり一流の選手が集まる環境の中で競争意識がないと、人ってダメなんだなと思います。そこを経験していないと、周りに競争意識について伝えても植え付けることができない。沖縄の大学野球は、仲良し野球です。試合に負けるとチームメイトが泣くんです。なんで負けて泣くの？　そこまでやってないのに泣けねえだろ、と僕は思いました」

意外だった。沖縄野球について苦言を呈するとは思ってもみなかった。沖縄の良さを存分に知った上での手厳しい指摘をしたのだ。

「東京六大学で野球をやっている奴らを見て凄いなー、うらやましいと思いました。神宮の歓声の中でやってみたいっていう気持ちもありました。もし自分が六大学に行っていたらどうなっていたかなーと思います。高校時代もワンランク上の伝統ある野球に興

夏の甲子園三回戦聖光学院戦で、三回裏1死一、三塁で五番銘苅圭介が
的確にミートしてライト前に同点打を放つ

春夏甲子園通算42打数17安打9打点、打率0.405。精悍な顔つきの銘苅の目には、我欲というよりただ野球をやりたい思いだけが詰まっている

味があったが、膝の怪我もあるし、無理だと思いましたね。だったらノビノビやろうかなと。僕は、沖縄の大学が合っていると思いました。でも、ここまで沖縄の大学野球の人気が落ちるとは思わず、沖縄県民は高校野球熱で止まっているなと感じました」

自分の選択に対し振り返るようなことをせず突っ走るタイプかと思いきや、きちんと冷静に周りを見て判断し分析できている。

ごく稀に自分の能力に気づかないタイプの選手がいる。楽天の不動のレギュラー島内《しまうち》宏明《ひろあき》は明治大学出身で、進路を決める時にプロではなく地元の企業に普通に就職しようとしていた。監督が「おまえ、自分でわかってないのか」とプロでも通用するほどの能力の高さに気づいていない島内にきちんと説明してあげたという。

銘苅は自身の性格と怪我のことを考えて、地元に残ったほうが良いと判断したのだ。六大学への憧れ、関東に行った同期たちへの思いも正直に話してくれた。

「高校時代に甲子園で春夏連覇をしていることで大学では期待値以上のものを出さないといけないと感じてました。あの連覇は当時の一年生から三年生まで全員の力の結集だったからできたものです。それを個人の力で同等のものを見せろと言われても僕は無理だなと思い、逃げました。なので自分でもったいないと思ったことは一度もないです。身体能力が高かったと言われますけど、プロになるような人は怪我をしない身体作りをしている選手だと思います。怪我に苦しんでいた時点で僕はプロになれるような選手ではなかったんだなと思います。プロになりたいからやっているわけじゃない。ずっと怪我をしていたし、真面目にやってないから高校野球ができましたね。みんなは真面目にやっていたので失礼だなと思いますけど」

銘苅特有の言葉で返してきた。当時の興南で真面目にやらずしてレギュラーになれるわけがない。〝真面目にやってない〟というのは、怪我によって万全の体調で野球ができなかった、半分の力でしかできなかった忸怩《じくじ》たる思いを置き換えた上での表現ではなかろうか。あくまでも自分を貶《おとし》める言い方をする銘苅に、逆に揺るぎない自信のほどを感じた。

「進路の決定に関しては怪我がすべての理由ではないです。むしろ、ある意味怪我をしてたから野球を続けていたのかもしれません。僕の中では怪我は保険だったんです。僕は怪我で休んでましたけど、他のメンバーは三六五日休まないんですよ。僕はインフルエンザになって休みたいから、インフルエンザにかかっているチームメイトの部屋にわざとずっといたりしていたんですから。野球に対する意識は一番低かったんですから」

銘苅は怪我によってある意味野球を続けられたという。怪我がなかったら疾《と》うの昔にリタイアしていたと。独特の言い回しというか、主義というか、〝怪我は保険だった〟の本当の意味は、常人には理解できない領域なのかもしれない。

たくさんの興南野球部員に話を聞いたが、その中でも銘苅が取材中に私に対して一番多くの質問を返してきた。どういう構成の本にするつもりなのか、誰に話を聞くのか、そしてアイディアまでも出してくれた。特に感心したのはメンバー外の全選手の特徴やエピソードを丁寧に説明してくれたこと。メンバーよりもメンバー外への愛が強いと感じさせるほど、熱く語ってくれた。あえて避けているのか、同じ久志出身のキャプテン我如古の話が全然出てこない。満を持して我如古のことを聞いてみた。

「興南野球部に入って三日目で辺野古に帰りたくなってしまい親に辞めたいと話したら、〝誰が入学金を払ったと思ってるんだ〟と怒鳴られました。ひとり名護の奴が夏前に辞めて名護商工に編入したんです。編入案を出したのは僕なのに、ひとりだけさっさと編入しやがって（笑）。我如古にずっと『宜野座（高校）に転校しよう』って誘っていましたが、無視されました」

名護から那覇まで車で一時間弱程度。都心ならどうってことのない移動時間だが、沖縄本島では違う。那覇に住んでいる人から見ると、名護はとてつもなく遠く感じる。距離にしておよそ51キロ。関東で換算すると、東京駅から茅ケ崎《ちがさき》市、またはつくば市。関西だと、梅田《うめだ》駅から大津《おおつ》市くらいの距離だ。でも実際はそれ以上の距離感を覚える。名護の人たちはよっぽどのことがない限り、まず那覇には行かない。名護市街で完結するからだ。名護から那覇に行くのは、名古屋の人が箱根を越えて東京に行く感覚とほぼ同じように思える。

「高校の時は我如古と全然喋らなかった。我如古は背中で語りたいタイプで、僕はいかに野球を楽にやりたいかという考えなんで、キャプテンのあいつから見たら僕が邪魔になるじゃないですか。あいつとは昔から一緒にいるので考えていることがわかりすぎるというか、僕みたいなのがチームにいたら面倒くさいなと思うはずなので、あえて僕は近寄らなかった。いや、近寄れなかったかな。野球へのスタイルはまったく違うし、同じスタイルだったらここまで一緒にやってないですよ。同族嫌悪でぶつかりますって。基本、あいつとはオフの時しかいないですから」

銘苅はチーム内で自分の立ち位置をしっかり認識し、キャプテンの我如古に迷惑をかけないように振る舞った。銘苅は表立って自主練習をしている姿を見せない。レギュラーメンバーよりもベンチ外メンバーとつるみ、あえて自分を卑下する。照れ隠しなのか、天邪鬼《あまのじゃく》なのか、わからないけれど、陰での努力は凄《すさ》まじいものがあったに違いない。それは伝説の左腕の江夏豊だろうと、「オレ流」の落合博満だろうと〝天才〟と呼ばれる者は陰の努力が凄まじいのと同じである。

努力型の我如古に対し、天才肌の銘苅。同じ地区出身といえども好対照だ。

そんな天才肌の銘苅はメンバーの中で一番摑みどころがない人間だと感じた。本音で質問に答えているのだろうけど、それでも受け答えにはどこか引っかかるものがある。

銘苅のパーソナリティは出自と関係があるのだろうか。沖縄本島は北部、中部、南部と分けられる。県庁所在地の那覇は南部にあり、中部は北谷やコザといった新開発された地域とかつて盛況だった街が混在している。名護を含む北部の人間は他の地区から見ると、どうしても田舎者《いなかもの》扱いされてしまう。名護よりさらに北をヤンバル（山原）と呼び、未開の地として場合によっては蔑視されることもある。

沖縄に住むようになって強く感じたのは、差別意識が強いということだ。ウチナーンチュ（県内出身者）がナイチャー（県外出身者）を差別するのは当然のことだとしても、県内でも差別が横行していた。三〇代以下はほとんど差別意識がないけれど、四〇代以上がまだまだ潜在的に差別意識を持っているように思えて仕方がない。

北部の人間を田舎者扱いするということの他にも、離島それも宮古島出身のミヤコンチュを毛嫌いする傾向があった。事象には必ず原因と理由がある。かつて離島は流刑地であり、政治犯は石垣島、凶悪犯は宮古島ということで忌み嫌われている説。こんな話は都市伝説の類で非常に馬鹿げている。

史実を紐解《ひもと》くと、もともと宮古島をふくむ八重山諸島は琉球王朝に征服された地域だった。

一六〇九年（慶長一四年）薩摩《さつま》藩が琉球を従属させたように、一五〇〇年（明応九年）「オヤケアカハチの乱」以降、琉球が八重山諸島を征服し従属させたという歴史がある。その支配は過酷だった。人頭税と呼ばれる税制では、数えで一五歳から五〇歳までの男女全員に重い課税をし、「世界でも最も残酷な税」と言われていた。男子は粟《あわ》、女子は布、宮古上布を納める。一六三七年（寛永一四年）から一九〇三年（明治三六年）までの二六六年間にわたってその支配は続いた。

　宮古島出身者は、政治家や経済界で活躍する人が多く、私が思うに嫉妬から来る差別なのではないかと推測する。沖縄には〝ゆいまーる〟という言葉が根付いており、一般的には共同的、相互扶助的であることを表す言葉として捉えられている。簡単に言えば、みんなで仲良く助け合うことだ。ただ、ひとりが突出して目立ってしまうと叩かれる性質があり、心の片隅でどこか「あなたばっかり……」「なんでおまえが!?」といった嫉妬の部分が蠢《うごめ》くのではなかろうか。

「那覇に初めて行った時は、こんなに人がいるんだと思いました」

銘苅から田舎あるある話が始まった。鉄板ネタだとされている話がある。

　小さな離島に行くと信号機が必ず一機設置してある。それは島の子どもたちが本島や内地に出た際、横断歩道を渡る時に戸惑わないようにという教育的配慮からである。

「野球のスタイルで言うと、北部のチームは何も考えてないかなと思います」

　少し考えた様子で答える。

「辺野古のおっさんたちは飲みに行くと、僕たちに対して『俺が野球を教えた』、『いや俺がバッティングを教えたんだ』と言うんですけど、おまえいたか？　って話です。まったく知らないおっさんがですよ。ただ酔いつぶれていて酒だけ飲もうと祭りに来るようなおっさんが各々好き勝手に言う。かつてはセンバツ甲子園優勝投手の比嘉公也さんの名前を出すことが多かったけど、最近は僕と我如古なんです」

なんだか目に浮かぶ光景だ。オラが街で生まれたヒーローを、オヤジたちが〝俺が育てた〟と言って酒の肴《さかな》にして飲みまくる。当人にとってはたまったもんじゃないかもしれないが、ヒーローとはオヤジたちのおもちゃなのだ。なんだか古き良き昭和の香りがしていい。流れに乗りながら辺野古の基地についても聞いてみると「辺野古の基地問題については、何も言えないっすね」と即答するも、こう続けた。

「小学校時代はキャンプ・シュワブのゲート前に抗議のためのテントは張られてませんでした。漁港辺りで移設反対活動をしているのはなんとなく知ってましたが、小学生の僕たちからしたら知らない人がいっぱい来ているなぁって感じでしたよ。コンビニの前の道とか夜中に米軍の車輌《しやりよう》が並んでいますよ。ミサイルとかも出てきますよ。山に向かって訓練で大砲を撃ってますからね。普通に空砲でドカーンと撃って窓ガラスがガタガタガタッて揺れるんです。また朝からアラームのようにタタタッタタタッタタタッタタッって銃撃の演習で起きるんですから。うわっ朝っぱらからまた始まったって感じです。もう慣れているんで気にしない。新任の先生はびっくりしますよね」

さも当たり前のようにあっけらかんと言う。普天間基地と隣接している普天間第二小

今年から創設された沖縄の社会人野球チーム「シンバ」では、選手兼コーチとして登録。野球界に新風を巻き起こすため立ち上がった

3月31日、琉球ブルーオーシャンズとの練習試合で五番打者として2打数2安打2四球、出塁率10割。簡単には凡打しない。これが銘苅圭介だ

学校に赴任していた教員の話を思い出した。校庭で体育の授業をしていて、突然轟音《ごうおん》が鳴るとともに先生は「みんな伏せて！」と大声で叫ぶ。戦闘機が低空飛行で校庭に向かって飛んでくるのを見て、墜落するのではないかと思うからだ。異次元と言わないまでも異世界の出来事のように聞こえてしまうが、すべて現実なのだ。

キャンプ・シュワブでの銃撃訓練は、家や教室の中にいても平気で音が聞こえてきて、オスプレイが飛んでいるとテレビの音は聞こえなくなり、画像も乱れて見えなくなる。

私もかつて体験したことがある、那覇の波の上ビーチ上空を飛行するオスプレイの騒音について話すと、「辺野古とは飛んでいる高さが違う。こっちはかなりの低空飛行をしていますから」と返され、軽くショックを受けた。辺野古の住民にとってオスプレイの騒音はとてつもない爆音だということをあらためて知らされる。

「宜野座に農業用の潟原《かたばる》ダムがあるんですけど、そこで山火事に備えた火災訓練をしているんです。水が入ったバカでかい容器の端と端をオスプレイ二機で運んで、バシャーンとダムに水を落とすんです」

〝バシャーン〟という擬音語が妙に迫力あってリアルであり、地元民にしかわからない臨場感を醸し出す。

「我如古の家は、もともとおじいちゃんの自宅を改装したものでした。我如古の庭にゲージがあったんで、そこでいつもカンカン打って練習してました。僕の実家から20メートルくらいだけ離れているところに我如古の家があって、僕の実家はちょっと高台にあるんですけど、我如古の家は裏に山があって、いわば山付きの家ですからね。誰の山かわからないですけど。ティーバッティングをそこでやって、山にめり込んだ状態のボールを拾ってましたから。ちょっと力がついたら道路を挟んだ山に向かって一か八《ばち》かでロングティーやってました」

銘苅は幼馴染でもある我如古の家に行って一緒に野球の練習をやっていた。まさに一《いち》蓮托《れんたくしょう》生の野球人生とも言える。

「辺野古では野球、相撲《すもう》が盛んですね。角力《かくりき》っていうのが小さい時からあるので。角力って柔道の上着を着て組んだ状態からやるんです。角力相撲の大会があって辺野古は賞金が高いので、みんな参加します。そもそも小さい頃からやれるチームスポーツは野球しかないんです。中学校になると部活は男子が野球、サッカー、女子はバレー、バスケ、それ以外はない。僕らの小学校の時は、野球、相撲、柔道の三択。全員どれかに入る。やらないという選択はない。小さい頃から移動手段は歩き。辺野古の海に行くのも、僕の家から2・5キロくらいあるけど歩いて行って歩いて帰るのが当たり前ですから」

あの小さい辺野古周辺地区から甲子園優勝球児を三人も輩出しているのには絶対に理由があると思った。幼き頃から野山を駆け巡り、男の子はほぼ全員が野球をする。相撲や柔道を掛け持ちでやることで体幹と足腰が鍛えられ、身体全体にバネが養われる。辺野古や久志出身者にいい選手が生まれる秘密がちょっとだけわかった気がする。

当時の辺野古の町の様子も聞いてみた。

「僕が少年野球の時は、今でいうフィリピンパブのようなスナックがめちゃくちゃ多かったですね。外国人がいっぱいいいましたもんね。『ハーイ』って言ったらチップをくれたりしましたよ。辺野古は米軍の新兵が多いですから、優しいです」

銘苅が小学生の頃というと、一九九九年から二〇〇四年あたりとなる。

当時の岸本建男名護市長が、一九九九年一二月に米軍普天間飛行場の名護市辺野古移設の受け入れを表明。二〇〇〇年から二〇〇四年は反対運動がまだ激化する以前だ。

「辺野古自体は別にピリピリしてなくて、周りが騒ぎすぎって感じでした。メディアも地元の人をあまり取り上げてないですから」

銘苅の何気ない一言が気になり、是が非でも自分の目で辺野古の状況を確かめなければと思ったのだった。

辺野古問題とは如何《いか》なるものか

辺野古を語る以上、米軍基地問題を避けては通れない。

一九九九年一二月、当時の岸本建男名護市長が、米軍普天間基地飛行場の名護市辺野

古のキャンプ・シュワブへの移設の受け入れを表明する際、一五年間の使用期限など七項目の条件を米国へ提示し、満たされない場合は「容認を撤回する」と強調していた。それから二〇年以上たった現在、条件は満たされないまま辺野古の米軍キャンプ・シュワブでは埋め立て工事が今も着々と進んでいる……。

沖縄ほど〝民主主義〟と緊密な関係性がある県は他にない。それは、戦後、沖縄が米軍統治下となり、一九七二年の日本復帰までの二七年間の失われた年月が大きく起因しているからだと考える。

沖縄は基地問題に対し反対派が多いと思われがちだが、実はかなりの賛成派がいることを内地の人、いや沖縄の人でさえあまり知らない。

二〇一八年の沖縄県知事選を見ても、八万票差のおよそ三九万票という史上最高得票数で当選した玉城《たまき》デニー知事ばかりに目がいくが、それでも三一万票は基地容認派の対立候補が獲得しているのだ。

自民党県議会議員の新垣新《しんがきあらた》は語気を強めて言う。

「二〇一六年一二月に辺野古承認取り消しの裁判が最高裁で敗訴になり覆ることはもうないのに、一九年二月の県民投票はやる意味があったのか。民意を問うというのであれば、一六年の裁判後、翁長《おなが》元県知事時代にやるべきなんですよ。税金の無駄使いと言わざるをえない。基地があるから米軍絡みの事件事故が多発する。落とし所を作るのが政治ですので。普天間基地飛行場を代替移設させ、辺野古に新基地を作って使用期限を設ける。三〇年後には自分の国は自分で守れるよう、その間は自衛隊と共同使用させるといった落とし所を考えていくべきだと思っているんですよ。マスコミは世界一危険な普天間基地を置き去りにして辺野古ばかりに注目します。新聞や週刊誌の基地反対を煽《あお》る報道がこの国をダメにしていると思うので、報道規制を明確化したメディア特措法という法律を作ってほしい。メディアが基地反対や賛成の記事を書くのはいいですが、露出も同等にして一方的ではなく相手の言い分をきちんと聞いて記事にしていかないといつまでも対立が続きます」

世界で最も危険性が高いと言われている普天間基地を返還するためには代替施設が必要だと声を大にして言う。保守派だからといって基地全面賛成な訳ではなく、基地がないにこしたことはない。それは、ほとんどの県民の総意だ。しかし、そこには生活があり、しがらみが生まれ、致し方なく基地を容認する人たちが出てくる。

「辺野古にはもともとはキャンプ・シュワブがあるし、普天間基地を返還除去するのなら辺野古に移設基地を作っても致し方ないという人は多いと思う。確かに、声を大にして賛成の声を上げにくいのはあるかな」（大城環　西原町出身　37歳）

「姉が軍関係の人と結婚しているのであからさまに基地反対とは言えません。米兵が問題を起こすとクローズアップされるため、米兵全員が悪い印象を持たれてしまいます。

とにかく基地は今のままでいいと思っています」（喜屋武貴和　沖縄市在住　25歳）

沖縄県民が民主主義を大上段に掲げるのなら、声を上げにくい雰囲気になっている沖縄とは一体どういうことなのか。基地反対が正義であるという論調をメディアが扇動している節はあるが、賛成派も多数いるのが現実だ。だからこそ、メディアとして賛成派の声も届けないといけない。

とある地元新聞社記者に「賛成派の意見を拾うことは、内地の人間を喜ばすことだから書かない」ときっぱり言われたことがある。ここまでくると、理論や理屈じゃなく、感情論だ。誰を喜ばすために記事を書くのかということではなく、真の声を届けることがメディアの姿勢ではないのか。敵は一体誰なのか。沖縄に住んでいるとわからなくなる……。

そもそも沖縄の辺野古基地問題は、二度も焦点をズラされている気がしてならない。一九九六年に当時の橋本龍太郎首相とモンデール元駐日大使との間で、普天間基地全面返還に合意。九九年名護市が辺野古移設の受け入れを表明し、それを既定路線として話し合いが続いた。沖縄県民も辺野古移設は反対だけれども、少しでも優位な条件を引き出し、渋々承諾する雰囲気になっていた。そこに、ひとりのホワイトナイト気取りの為政者が現れたのだ。

二〇〇九年民主党政権の鳩山由紀夫首相（当時）が「最低でも県外移設」と発言し、辺野古以外の移設案を本格検討したことから、寝た子を起こすかのように沖縄県民が県外移設へと立ち上がったのだ。しかし、鳩山首相は翌年に県内移設回帰を表明し、そのまま退陣に追い込まれる。沖縄県民にとっては急に梯子《はしご》を外されたようなもので、政府に対し怒りが増幅していった。

二〇一〇年一一月、仲井眞弘多が知事選の出馬会見で「普天間基地の県外移設を求める」と明言し当選した。一三年四月菅義偉《すがよしひで》官房長官が来沖した時にも、仲井眞知事は県外移設を求めていたにもかかわらず、同年一二月、舌の根が乾かぬうちに辺野古移設に向けた埋め立ての承認をした。こうして仲井眞は沖縄を売ったとして末代までの恥を晒した。

その後の翁長雄志《たけし》知事（故人）が、国を相手取って埋め立て承認取り消しの裁判をするも覆らず。普天間基地全面返還のための辺野古移設だったはずが、今や「辺野古新基地か、普天間基地固定化か」の二者択一を県民は迫られる構図となっている現状がある。もはや辺野古移設ではなく、〝辺野古新基地〟という単語で定着している。これは何を意味しているのか。

二〇一七年一二月に米軍普天間飛行場所属のＣＨ53Ｅ大型輸送ヘリの窓が落下した事故に遭った、普天間第二小出身の金城智代（44歳）が怒りを露わにしながら答えてくれた。

「普天間基地が返還されるなんてハナっから信じてません。一九九六年に日米間で普天間基地全面返還を合意してから二四年の間、政府は普天間基地の返還に対して何もアクションを起こしてません。まずは辺野古に新たな基地を作って普天間基地を移設するからと言われてもまったく信用できません。辺野古の基地ができても、どうせ普天間基地は返還されない。つまり、辺野古基地建設は新しい基地を増やすだけで基地縮小どころか基地拡大です。だから辺野古基地建設は断固反対です」

宜野湾で生まれ育った社会人野球シンバの照屋信博監督は現状を訴えた。

「35歳になるんですが、今まで普天間基地の周りで米兵による事件なんか聞いたことがありません。アメリカの誰かが世界一危険な基地とか言ったみたいですが、基地周辺での訓練以外の危険な行為はほぼ皆無と言っていいと思います。だからと言って普天間固定化は嫌ですが、正直、難しいと思っている人が多いのではないでしょうか……」

推察すると、普天間基地がある宜野湾市の半分以上の人が〝普天間は返還されない〟と思っている。普天間基地の危険除去のために、止《や》むを得ず辺野古新基地に賛成という声も多数ありながらも、反対派の人は〝普天間はどうせ返還されない〟という考えがベースにあることを初めて知った。若者たちが大人に期待をしないのと同じで、県民は政府を信じていないし、何も期待をしていない。

語ってくれた。
玉城デニー知事の旧知の仲間でもある、無所属の山内末子《やまうちすえこ》県議会議員は憂いを持って
「辺野古新基地建設と普天間基地返還問題は別ですよ。それをひとつの考えで論じてしまうと、いつまでたっても普天間が還ってきませんよ。辺野古新基地はこのままだといつ完成するかわからないですよ。軟弱地盤であることが判明して杭《くい》を七万七千本も打つことになり、建設も一三年かかる想定です。誰が責任を取るんですか。こんな愚策はありません。国は普天間基地閉鎖に向けて何もやっていない。防衛局に聞いてみても『訓練場所の移転を少しやりました』とチョロッチョロッとしかやってない。つまり、やる気がないんです。工事が始まっていても諦めないこと。どれだけ土砂の投入があっても作らせない、完成させない。政府から押し付けられてきたものに屈しない気概を秘めながら生きてきた、沖縄の誇りある歴史があります。先人たちの思いを繋げていく大切さ、そして次世代に残すものとして、あの海があり、理不尽なことに屈せず、今生きている我々が頑張ることが未来の沖縄を作り上げると信じてます」
辺野古新基地ができることで普天間基地が返還されると限定してしまったら、新基地建設の進捗《しんちょく》状況によって普天間基地返還が際限なく先送りにされてしまうことになる。すぐに普天間基地返還ができなくても運用停止にはできるはずだ。辺野古新基地と普天間基地返還は切り離して考え、まずは辺野古新基地を絶対に作らせない。とはいえ、こ

のまま反対反対と真っ向から対立を続け、妥協点を見出せずに、疲弊しながら年月だけが過ぎていくのか。ウルトラC的な打開策を見出さない限り、辺野古工事は止まらない気がする。まずはともあれ、あの美しい大浦湾に隣接する辺野古を見ないことには何も始まらないと思った。

不思議な街・辺野古

辺野古に行ったことがある人に、辺野古はどういう場所かと尋ねると「田舎だ」と答える人がほとんどだ。人によっては「何にもないど田舎」と発する人もいる。

沖縄本島は縦に長細いため北部、中部、南部の三つに分けられる。那覇市は南部にあたり、北部は未開発な地域が多く、そういう地域を山原《ヤンバル》と呼んでいる。そのせいか北部を〝田舎〟と指し示すことが多い。

私はもともと海のない岐阜県奥飛騨《おくひだ》で生まれた生粋の田舎者、山猿いや山ゴリラだ。みんなが口を揃えて言う田舎とはどんなものか、また甲子園春夏連覇メンバーの三番キャプテン我如古、五番銘苅がどんなところで生まれ育ったのかを見たくて、那覇から車を飛ばして行ってみることにした。

那覇から高速道路に乗り、阪神のキャンプ地宜野座の高速インターを降りて行くのと、終点の許田《きょだ》インターで降りて名護市を経由して向かう二通りのパターンがある。

ともに感じたのは、高速道路を降りてから辺野古までの道がきれいに舗装され、一車線ではあるが路肩もあり、大型トラックが十分に通れるほどのスペースが確保されていること。宜野座インターを降りてからは、ほぼ平坦《へいたん》な道のり。一方、名護市から329号線を通って行くルートは、ひと山を越えるようなルートで坂道を登っていくと道の両脇に森林が生い茂り、だんだんと山深くなっていく。

戦前の辺野古は、人々が山で取った薪《まき》を売って生活していた。名護まで行くのに山を越えなければならなかったため、御年八〇以上のおじい、おばあたちにとって名護は遥か遠い街という印象だったそうだ。今では辺野古―名護間は車でたった一五分弱の道のりなのに、七〇年前は徒歩で二時間以上もかかったという。

文明の力により完全舗装された329号線は、田舎道という感じがまったくせず、窓から見ても長閑《のどか》な景色でもなく、ただ整備された山道を悠々と通っているようだった。ようやく山を越し平坦な道をしばらくまっすぐに走ると、左側に大きく開けた空間が見えてくる。米軍基地のキャンプ・シュワブだ。道路と平行に走るようにフェンスで囲まれ、ゲート前には道路を挟んで反対運動のテントや小屋が立ち並ぶ。この時は、幸い活動家たちはいなかった。

ゲート前から800メートルほど先に、山の中腹に屹立した近代的な建物が見えてく

キャンプ・シュワブのゲート。総面積約 20.63キロ平方メートル(東京ドーム 439個分)。
四分の一が私有地で年間23億円以上の賃借料が国から地主に支払われている

現在の辺野古

る。まるでどこかの化学研究所のようなシルバーを基調にしたスタイリッシュで巨大な建造物、国立沖縄工業高等専門学校（沖縄高専）がキャンプ・シュワブと向かい合うように建っている。その沖縄高専の手前にある辺野古交差点を左に曲がると、辺野古社交街への歓迎塔が立っている。

とうとう辺野古に来た。歓迎塔から辺野古集落に入るとすぐ右横にある商店「ファミリーストア　キヨタ」が妙に目立つ。

想像していた空気感と違っていた。辺野古という地名の先入観のせいか、緊張状態までいかないにしてもどこか張り詰めた空気があるのだろうと勝手に想像していた。しかし、実際は空気も様相もまったく異なっていた。パッと見て、街全体には殺伐とした緊迫感などまるでなく、田舎町にあるごくありふれた風景だと思った。まだ陽も高かったので、辺野古の街をぐるりと散策してみることにした。

一九六〇年頃、キャンプ・シュワブの建設に伴い、アメリカ兵を相手に商売をしようと多くの人が辺野古に移り住んできた。辺野古の集落は小高い山の上とその麓の二つに分けられる。山の上は商売で移り住んできた人々で寄留民と呼ばれ、麓に住んでいる人たちが先祖代々からの辺野古住民である。住民からは〝上〟、〝下〟と呼ばれ区分されていたらしい。

一九六〇年代半ば、ベトナム戦争が激化すると辺野古の街が大きく変わっていった。

ベトナムに出撃するアメリカ軍の最前線基地となった沖縄。その中でキャンプ・シュワブでは出撃する前の実戦演習が行われていた。戦争激化に伴い、アメリカ兵が大幅に増員され、辺野古の街は見違えるように活況を呈した。最盛期に二〇〇軒あったという飲み屋街の通りを歩いてみた。車一台くらいは普通にすれ違うことができる道幅の左右に路面店が軒並み並んでいるものの、営業している店は五、六軒あるだけで、あとは全部閉まっている。ところどころに朽ち果てたコンクリートの平屋建てがある。壁には「CLUB SE MENS」やら「NEW OKINAWA」などとペンキで書かれてある。これを眺めていると、一九六〇年後半から七〇年前半まで活況だった熱量がこの朽ち果てたコンクリートの建物にまだ込められている気がした。半世紀以上経っても、その幻影はしっかりと残るものだ。

周辺の家々を見ると、建て替えたばかりのような瀟洒《しょうしゃ》な住宅がポツポツと目立つ。都会にある閑静な住宅地とまではいかないまでも、田舎町の風景とは到底思えないアンバランスさが異様に映った。

今年四月にできたばかりの公園があった。変に乾いた空気が漂う街の中に、黄色と青のゴムチップ舗装をしたカラフルなミニバスケットコートとポップな造りの滑り台が設置された、見るからに新しい公園が妙にミスマッチだった。

NHK沖縄のディレクター二階堂はるかがちょうど辺野古への仕事ついでに合流し、

アテンドしてもらえることになった。彼女は二〇一九年一月に放映された「目撃！にっぽん　辺野古に住んで見えたこと～〝移設先の町〟４か月の記録～」を制作するために、辺野古に四カ月間住みながら取材をしたディレクターだ。仕事とはいえ、見上げたディレクター魂である。

「いくら足繁《あししげ》く通っても、きちんと腰を落ち着けて生活するのとでは住民の対応も当然違いますし、通って取材するよりも暮らすことで見えてくる感情もあります。辺野古の公民館にヘノコンチュの気質を表した〝勢〟という字のモニュメントがあるんです。何かがあったら勢い良くみんながまとまって行くというのがヘノコンチュなんです」

二階堂は一瞬だけニコッと笑った。

辺野古公民館は普通ではありえないような立派な建物で、二階にはトレーニングの器具まで揃っている。

「ここが、戦いの焦点になっている辺野古なのか!?」

そう思ってしまうほど、辺野古は恐ろしいほどの静寂で、いたるところに立派な建物が立ち並んでいた。

レストラン「ワシントン」の二代目店主で辺野古商工社交業組合理事の玉利朝輝《たまりともてる》が、辺野古の最盛期の様子を語ってくれた。

「親父が鹿児島の沖永良部島《おきのえらぶじま》で生まれ育ち、中学卒業後に浦添でコックの見習いをやっていたんです。それで、辺野古でのテナント募集を見て一か八か賭けで一九六〇年に辺野古に移り住み、レストラン『ワシントン』を開業したんです。店にはジュークボックスやスロットマシンも置いてあって、米兵で溢れてそりゃ大盛況でした。午前三時までやっていたので、米兵が飲み屋の姉ちゃんを連れてアフターで来るわけです。酔っ払ってステーキを注文しても手を付けないから、翌朝の私の弁当になるんです。学校に行くと『おお、すげえご馳走《ちそう》だな』と友達によく言われてました」

戦後、アメリカは無理やり沖縄の土地を接収し、どんどん基地を造っていった。土地を奪われた住民たちは泣き寝入りするしかなく、それでも生きていかなくてはならない。生きながらえた命を繋ぐためにも、憎き米兵を相手に商売することを考え、基地の周りには歓楽街ができるようになった。一九五七年にキャンプ・シュワブの建設が始まり、やがて米兵を目当てに商売をするために人々が移り住んできたというわけだ。

「物心がついた五歳くらいから辺野古の街の記憶はありますね。六〇年代後半からこの街全体が凄く賑《にぎ》わっていてね。黒人と白人の米兵同士が仲悪く、毎日黒人と白人が喧嘩していた。パンチを避《よ》けずモロに受けながらお互いがガンガン殴り合っている。それを見るのが楽しみで仕方がなかった。黒人、白人専用の店がそれぞれあったしね。もちろん、ミックスの店もあったけどね。喧嘩が多いから殺人事件も多くてね。この店の前でも殺人事件があったからね。喧嘩して米兵が殺されたんです」

六〇年代のベトナム戦争時は、現在の那覇の国際通りのように街は賑わい、米兵同士の喧嘩は日常茶飯事だった。いつもMP（軍警察）や自警団がパトロールしている中、ジュークボックスからアメリカのロック、ポップスが我が世の春のようにガンガン流れていた。直線距離にして約16㎞離れた伊計島《いけいじま》からは、辺野古のネオンが炎のように赤く見えたという。

「この辺りだけでも一〇〇店舗くらいお店があって、お菓子屋、おもちゃ屋、洋服屋、時計屋、カメラ屋もあって、さらに飲食だけで五〇～六〇軒はあった。経済が発展し、人口が増え、辺野古が凄い街になった。これは間違いなくキャンプ・シュワブのおかげです。一五〇〇ドルで家が建つ時代に、一日で一〇〇〇ドル売り上げる飲み屋があったんだから。うちは基本レストランだから一日一〇〇ドルくらいかな。スロットマシンを置いてあったから本当に儲《もう》かった。七二年に日本に復帰し、まだ一ドル三六〇円の時代でしたので活況でした。七五年にベトナム戦争が終わり、一ドルが三〇〇円、二〇〇円とどんどんと円高が進み、ビール一杯一ドルで飲めたのが五ドルかかるようになり、米兵も外に出歩かなくなって、だんだんと廃《すた》れていった感じです。だから、あの頃をもう一度という気持ちで、辺野古が盛況だった頃を取り戻したい。そのための基地建設なんです。普通に考えれば、商売人は人がいないことには成り立たないので人口が増えてほしいと願ってます。普天間基地の米兵八〇〇世帯が移設によって辺野古に来れば、商売人には喜ばしいこと。ただ新基地が建設されると、埋め立て、騒音、環境の変化によるストレスといった様々な問題が発生してきます。それはお金でしか解決できない。これだけの負荷がかかる飛行場が来るのであれば、お金ちょうだいよ、と思うわけです。国との交渉によってどれだけ補償が得られるかです。それはやりようだと思っています」

玉利の言い分は、あくまでも辺野古の街の再生を最優先したいということだとはわかった。

いつの時代も国は、国策だと言って地域住民を分断させようとする。

二〇一四年一月には、当時自民党幹事長だった石破茂《いしばしげる》が名護市長選応援演説で、地域活性事業として五〇〇億円の名護振興基金の創設を検討していると述べ、巨大なアメをちらつかせた。そして、一五年一一月、防衛省は名護市辺野古の新基地建設をめぐり、地元の久辺三区（辺野古、久志、豊原）に対し、法律に基づいた補助金とは別枠の再編関連特別地域支援事業補助金を創設した。通常は県や市町村に予算がおりるものだが、政府は末端の地区に直接交付金を出すという前代未聞のアメを配った。移設反対の稲嶺《いなみね》進《すすむ》前市長時代、名護市への再編交付金が止められたことで、久辺三区に一五〜一七年度で計二億二二〇〇万円を直接交付したのだ。

二〇一七年には、名護市の漁業組合は辺野古沖の漁業権を放棄したことで、国が四二億の補償金を支払ったという。さらに、侵入者が入って工事の邪魔になるのを防ぐため、漁師たちは警戒船の業務（午前八時から午後五時）を行い、国からは船長五万、船員二万の日当が支給されていた。

　二〇一八年二月に新基地建設に賛成の渡具知《とぐち》武豊《たけとよ》市長が誕生したことで防衛省は久辺三区への直接交付金を廃止にし、名護市に再編交付金を二〇一七年度と一八年度分で約三〇億円交付することを決めるなど、首長が基地賛成派に代わった途端にバラ撒《ま》きが始まった。

　辺野古で生まれ育ったマスコミ関係者が実名を出さない条件で語ってくれた。

「幼い頃、どうしてこのおっさんは酒ばっかり飲んでいるんだろう、どうやって生計を立てているのだろうと思っていたが、大人になってようやく仕組みがわかりましたよね。とにかく、辺野古の人は働かないし、怠け者。だって辺野古にはいろいろな意味でお金が落ちているから。だから辺野古が嫌いなんです。こんなこと言うのは僕だけですよ」

　嘘とも本音とも思えないコミカルな調子で言うものだから、つい軽く吹き出してしまった。確かに辺野古にはたくさんのお金が落ちている。その恩恵に与《あずか》り、立派な箱物が幾つかあるのも知った。

　玉利にマスコミの報道姿勢についてどう思うか尋ねてみた。

「マスコミは私のような賛成派の意見はなかなか表に出してくれないですから、多少の不信感はありますよ。わざわざ現場に来て密着取材してくれる記者の方々は熱い人が多いですけど、結局上の人に反対されてしまうんでしょうね」

精悍な顔を少しだけ柔和に崩しながら話したと思うと、すぐに真剣な面持ちに戻った。

「正直住民の九割方は基地誘致に賛成です。基地誘致があるから、沖縄高専も一〇〇億かけて造っているんですから。米軍がいるおかげで国が思いやり予算を作り、きちんとした街作りを国にやってもらって、いずれ新基地が日米共同使用から自衛隊だけのものとなれば、我々の財産にもなるという認識です。自民党から民主党政権になってまた自民党に戻って、どこも引き受けなかった普天間基地移設問題。識者、学者、政治家が検討に検討を重ねて、周りに反対されながらもお願いしますというのが辺野古なんです」

玉利独自の解釈でありながらも非常に面白い見解でもあった。

辺野古では、一九九六年九月に行われた日米地位協定の見直し及び基地の整理縮小に関する県民投票から数年の間、反対派と賛成派との分断があった。しかし、ここ最近では住民の九割方が基地容認に回っているのが現実だ。

二〇一八年一二月一四日、基地建設のために辺野古の海に土砂を投入して以降、反対派は海上での目立った活動をほとんど行ってない。

最後に、玉利はこう言った。

「親父にもう一度あの盛況だった辺野古を見せてあげたいんです」

辺野古は夜になると街の顔が変わると言われる。どのように変わるのか楽しみにしていたが、夜になってもあまり変わった様子が見られない。あたりが暗くなってより寂しくなった気がする。

でも、どこか懐かしい感じがした。私の出自が奥飛騨の山奥ということも関係しているのかもしれない。退廃感がありつつも変に温《ぬく》もりを覚えさせる。それでいて少しザラついた荒涼感ある雰囲気がたまらない。満月に照らされたことで街並みが少しはくっきり見えるかと思いきや、なんだか埃《ほこり》っぽくうっすら靄《もや》がかかっているようにも思える。目を瞬《しばたた》かせるが、変わらない。テレビや映画の世界でしか西部劇を知らないが、きっとこんな感じだったのかと思った。

知らない街での闇夜は、ヒタヒタと誰かが後を付いて来ているような不気味さを覚えるもの。でも、夜の辺野古は、六〇年前の活況だった頃の熱気が染み込んでいるせいなのか、不思議と怖さを感じない。誰もが息を潜めているようにただただ静けさが深まっていく。

まずは腹ごしらえと、ステーキハウス「ＴＥＸＡＳ」でステーキセットを頼むが、これがメチャメチャ美味《うま》い。ママからは「紹介しないでね」と釘を刺される。普段は米兵だらけでなかなか入れないという「ＴＥＸＡＳ」は、ビリヤード台やダーツが置いてあり、ちょっとしたダンスフロア的なスペースもある。まさに洋画に出てくる雰囲気だった。

腹一杯になったところで、外壁がポップアートのペイントだらけのバー「タイタン」に行ってみることにした。オーナーのひとりである日系ブラジル人のアレックスは辺野古に来て一〇年だ。

「毎日、楽しいですよ」流暢《りゅうちょう》な日本語で答え、慣れた手つきでドリンクを作る。

二〇時過ぎに入店したせいか、まだ人はいない。とりあえず、隣に座る二階堂に辺野古のことを質問すると、いろいろと答えてくれた。

「昔は基地移設を容認する人たちもマスコミの取材に答えていたらしいです。まえにメディアが発言の一部を切り取って報道したことがあったため、これは私たちが意図するものではないとなって、だんだんと答えなくなっていったという経緯があるみたいです」

二階堂は自戒の意を込めるかのように言う。このことを聞いた時、懇意にしている県内マスコミ関係者が言った話を思い出した。

「沖縄でマイノリティーと言ったら基地賛成派の人たちのことを指すのだと思います。彼らたちの声を拾うことが報道として価値があるのではないかと考えることがあります」

二階堂の話といい、あらためて報道の姿勢を考え直すべき時期に来ていると思いながら、コロナビールをあおった。

二一時を過ぎると、米兵の団体がわんさか入ってきた。

屈強な大柄な男たちを想像していたが、190センチを超えるゴリラのような大男はおらず、180センチ前後で顔も色白で見るからにベビーフェイスばかり。カウンターで隣同士になったため声をかけても、挨拶を交わす程度で話に乗ってこない。外国人はコミュニケーション能力が高いので、酒の席で話しかければ陽気に振る舞い質問してきたりするけど、まったくしてこない。見るに見かねてか二階堂が呟くように言う。

「辺野古の米兵は新兵ばかりなんで人見知りでシャイなんですよ。元気がある子は金武《きん》で飲むらしいですよ」

なるほど、地元辺野古で飲むのは若いシャイな子ばかりというのが定番のようだ。どんどん米兵たちが入ってくる。隣にいるカウンターのグループはテキーラの一気飲み競争をしている。「イエーイ!」「ウォーー」奇声を上げだした。ようやくファンキーになってきた。

アルコールが完全に回ったせいか、カウンターで隣に座っていた若い米兵とようやく話ができた。

「東京にしばらくいて、それから沖縄に来たよ。沖縄は海がキレイだから好き。ほら見てみて、これが東京での写真だよ」

コロラド州から来た二一歳のエミリーは携帯で撮った写真をいろいろと見せてくれた。テキーラを一杯おごってくれた二四歳のボブには「マット・デイモンに似てますね」と語りかけると、「僕がマット・デイモン？　嬉しいね。マコーレー・カルキンってよく言われる。知ってる？」携帯を私に見せながら陽気に話す。

「軍人にとって沖縄は人気が高いよ。海がキレイだし、気候もいいし、食べものも美味いしね。遊びもいろいろあってサイコーだしね」

と言ってホットに踊りだした。

米兵にとって、沖縄はこの世の楽園なんだということがあらためてわかった気がする。その後、同じ系列店の「ベガス」というクラブに行って軽く踊った後、宮崎から名桜大学に進学したスタッフのミキちゃんに軽く声をかけた。

「辺野古で働くのは楽しいです。時給いいし、名護から車ですぐだし、別に不便はないです」

県外から来た二〇歳《はたち》の彼女にとって、辺野古も名護も同じ感覚なのであろう。

辺野古の夜において、どうしても地元の人たちが集まる盛り場に行きたかった。その土地を知りたかったら花街へ行けという格言があるように、ガイドブックに載ってない地元民しか行かない飲み屋に行くことで住民たちの本音が聞き出せると思ったからだ。

初めての土地で一見《いちげん》さんが入るにはなかなか勇気がいるけれど、幸い二階堂がアテンドしてくれたため右往左往しないですんだ。

店の名前は「ハワイ」。英語表記で「ＨＡＷＡＩＩ」と書かれている。なぜ〝Ｉ〟が二つなのか。本来、ハワイ先住民族からは「ハヴァイッイ」と呼ばれており、英語表記にした時に聞きづてのまま「ＨＡＷＡＩＩ」と本来の音に近づけてＩが二つになったとされている。

ジュラルミンの戸を開けると、赤を基調にしたカウンターに、ボックス席が六つほどある大きめのスナック。壁は木目調で、床にはスナックにありがちなエンジ系の絨毯《じゅうたん》が敷かれている。いかにも地元住民が集まるアットホーム感満載だ。六〇代くらいの小柄でキュートなママ一人でやっている。

「あのカウンターいいですか？」恐る恐る尋ねるように聞く。

「はい、どうぞ！」

軽快な返事が来てちょっと一安心。完全アウェーのため、神妙な態度が望まれる。

カウンターの一番左端に、明らかに酒灼《さかや》けした赤黒い顔をした短髪の六〇代のおやっさんと、右端には六〇代の役場の課長といった感じの親父と、五〇代前後のセミロングの女性が座っていた。別に訳あり風でもなさそう。まあ、どっちでもいいんだけど。

とりあえずハイボールを頼み、店内の空気に馴染むためキョロキョロせずに心を落ち着かせた。辺野古のスナックに来ているといった心理的動揺を悟られてはいけない。我がもの顔ではなくとも、平然としていなくてはという意識が働く。

「あんたらどこから来た？」

左端に座っている酒灼けのおやっさんが話しかけてきた。「やったぁ」心の中で快哉を叫ぶ。

「はい、那覇から来ました」

「なんでここに来た？」

さあ尋問が始まった。よそ者の動向を知りたいのだろう。そりゃそうだ。

「あ、はい。実は、今度興南春夏連覇の本を書くんですが、主力であった我如古と銘苅の故郷を見てみたいと思い、辺野古に来ました」

包み隠さず話した。今まで半世紀生きてきて、ごまかしごまかしで過ごしてきた。その中で学んだことは、正直が一番の強みだということ。バカ正直はいけない。でもある程度の正直さは自らを防御してくれる。

おやっさんは酒臭い息を吐きながら言う。

「我如古、銘苅ね。ありゃいい選手だった。俺が教えたよ」

「え!?　まじですか？　小学校の時に教えたんですか？」

「ん？　まあ、教えたよ」

「少年野球の監督さんか何かですか？」

「ん？　まあ、教えたよ」

やばい、リアクションが変だ。これは、絶対に教えていない。以前、銘苅が言っていた辺野古のおっちゃんは誰でも監督かコーチ説とはこのことか。

二階堂と酒灼けのおやっさんは顔見知りだったらしく、話し込んでいる。しばらくすると、突然、酒灼けのおやっさんが、「この小娘が！」と大声で叫び、なにかと茶々を入れ出した。

私はその様子を横目で見ていたため仲裁に入らなくてはと思い、「先輩、大声で話すと怖がるからダメですよ」とたしなめるように言うと、

「なんだ、おまえ、ヤルのか!?　おっ！」

酒灼けのおやっさんは挑発めいた言葉を吐く。おやっさんの目は据わってやがる。店内には気まずい空気が流れ出した。私が帽子をかぶっていたら「訴えてやる！」と言って帽子を叩きつけるのだが、咄嗟に気の利いた返しができない。とりあえず、「小娘って言っちゃダメです。大娘ですよ」と言ったものの空気は改善されず。

するとママが見かねて入ってきた。

「我如古って盛次のことでしょ。盛次は最近来ないねー。昔はちょくちょく顔を出してくれたさ。今どこいる？」

「東京ガスに勤務していますよ」

「だからよー、来ないわけさ。でもなんで沖縄ガスにしない？」

「そうでがすね……わからんでがす」

小ネタを入れて答えてもスルーされたが、空気が変わったことで、とりあえずハイボールの次に頼んだ泡盛を飲んで落ち着いた。

「そうそう、これがあるよ。盛次が中学校の時に作ったもの」

ママが興南連覇時に作った記念タオルとともに、我如古が中学の時に所属していた石川ポニーの全国大会出場時に作った一五年ものの泡盛を出してくれた。

「そろそろクース（古酒）になっているね」

ママは笑みを浮かべながら話す。勢いで飲んでやろうと思ったが、いけないいけない。調子に乗ってはすべてがブチ壊しになる。

「盛次のことを本にするの？」

突然、右隣に座っている女性が話しかけてきた。黒髪のセミロング、眼鏡をかけ、教師っぽい中年女性が少しほろ酔いながら呟くように語りかける。

「私の息子、盛次と同級生だったの」

「え!?　息子さん、野球やってたんですか？」

「そう。盛次と一緒に石川ポニーに行きたいと言ったんだけど、盛次のお母さんにいろいろ聞いて、送迎もしなくちゃいけないしお金もかかるから通わせきれんかったさ」

そう言いながら女性は泡盛が入った琉球ガラスに口を付けた。

タイミングよく素性を聞くと、我如古、銘苅の同級生宮城京の母親いくこだった。我如古の母みよりによると、子どもを石川ポニーに入れたら辺野古からうるま市石川までの31キロの道のりを送迎しなくてはならず、時間もお金も相当負担になるということで我如古も中学二年いっぱいで辞めたくらいだ。

宮城京の母いくこは、現在宜野座に住んでいるが、生まれも育ちも辺野古であるらしいので、幼き頃の辺野古の様子を聞いてみた。

「生まれた時から米兵がいるから今更米兵が怖いと思ったことがない。チョコレートやキャンディー、たまにチップとかくれるから、米兵が来るとみんながわーっと寄っていって集まっていたのを覚えている。三月になると、浜下りと言って、家族で浜辺に行って潮干狩りをするんだけど、そんな時にでも海から水陸両用戦車がやってくるのなんか当たり前だったから」

半世紀前の辺野古の様子をいろいろと話してくれた。

そして最後に、いくこから出た言葉がすべてを物語っていた。

「あの頃、辺野古で貧乏な人なんかいなかったよ」

翌日、辺野古漁港の隣にある浜辺に行った。

海が凪《な》いでいる。

サンゴが細かく砕かれ出来たきめ細かい砂浜を裸足《はだし》で歩くと、足の裏にかなりの熱量を感じた。太陽が照りつける熱に加え、地球の内部からも発せられているかのように、とにかく足の裏がジンジンとする熱さだった。

大浦湾に面する辺野古の海は海産物が豊富で、終戦直後食糧難の住民たちは辺野古の浜辺へと食べ物を探しに殺到し、浜辺はすし詰め状態だったという。そんな辺野古の浜辺のすぐ横は無機質なフェンスで分断され、その向こうでは基地建設のための護岸工事が行われている。

向こう側とこちら側。

異世界と現実の分かれ目のようなフェンスなのだが、向こう側も現実なのだ。

キラキラと太陽の光を反射する海を見て、ふと考える。

内地の基地の周辺は、お墓だったり、騒音が大きい工場だったりと迷惑施設が基地の周りを囲み、基地と民家との間に緩衝地域をきちんと設け、住民から基地が見えない構造になっている。それに対して沖縄はこのように住宅と基地がフェンスによって区切られるだけで隣接しており、人々の生活圏の中に基地がある感覚だ。いわば人々の目に基地がちゃんと見えている。辺野古がまさにそうだ。

「ワシントン」二代目店主玉利が言った「親父に活況だった頃をもう一度見せたい」という言葉をもう一度考えてみた。正直、私の生まれ故郷のほうが遥かに田舎だ。そんなど田舎の住民たちは開発してほしいとこれっぽっちも願っていない。今の生活を大事にしたいからだ。でも、辺野古にはかつて盛況だった時代がしっかりと刻まれている。その違いは大きいと思った。

那覇ではどんどん都市開発が進んでいる。「昔の那覇はもっと良かったよねー」、「だんだん沖縄らしさが失われていくよな」と愚痴っているのは、ほとんどが内地から移住してきたナイチャーだ。ウチナーンチュにとってインフラが整備され、利便性の良い大型モールができることは喜ばしいことなのだ。ナイチャーの勝手な自意識を表に出し、開発に対し「失われた沖縄」を大上段に掲げて勝手に文句を言っているだけだ。ナイチャーが思う沖縄は、ウチナーンチュにとっての沖縄とはまったく違う。

辺野古にも同じことが言えるのではなかろうか。辺野古住民は基地を容認している。その大きな理由のひとつは生活がより豊かになるからだ。反対派で活動している人の大部分は辺野古以外の地域に住む人だ。もちろん反対派には反対派の論理がある。新しい基地が建設されれば、そこに戦いが生まれる可能性がある。あの沖縄戦の惨劇を繰り返してはいけない。今更私が説明するまでもなかろう。

辺野古新基地建設において、防衛省が2019年12月、工期約12年、総工費を約9300億円とする計画見直し案を発表。7月末に埋め立てを終える予定とされているが……

キャンプ・シュワブゲート前の反対運動によるテント。土砂投入による埋め立て工事が始まってからは、めっきり人がいなくなった……

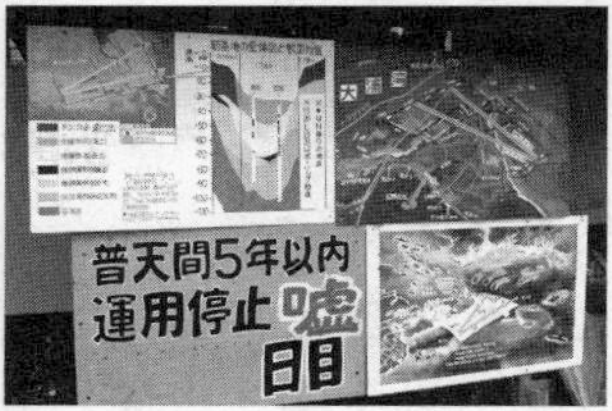

関西から来たと言うおっちゃんがひとりで浜辺のゴミを拾っている。護岸工事を指差して、こう言った。

「あのな、あれ1パーセントしかできとらんくて、約一五〇〇億円かかっとる。一体、どれだけ金がかかるんやろうか。あの基地ができても辺野古には一銭も落ちへんしな」

なにが正しくて、なにが悪いのか……。

辺野古の海は、誰のものなのか……。

おっちゃんがボロボロの古いラジカセを取り出し、カセットテープをセットし始めた。

ノイズが入りまくりで音割れした「童神《わらびがみ》」が流れ出した。

♪泣ーくなーよーやー、ヘイヨーヘイヨー
太陽《ティーダ》の光受けてー

沖縄には、いつの世も唄があった。

どんなに苦しいときでも、みんなが唄を歌い、踊った。

ウチナーンチュの明るさは、沖縄の唄から生まれ出たものかもしれない。

空、海、土の自然を慈しみ、先祖を崇拝し、感謝して生きる。

命を繋ぐための心得をおじい、おばあから授かっている。

沖縄という島だけに、しがらみや情に囚われてしまうのは致し方ない部分もある。確かに、守るべき人を守ることは大事だ。人は時に嘘をついてでも愛する者を傷つけないようにする。だからと言って、自分に嘘をつき、誇りを失ってまで誰かの犠牲になるのは間違っている気がする。周りの目を気にしすぎて楽なほうへと逃げて、わからない、関係ないからといって沈黙する。それは卑怯者のすることと同じだ。

人生はどう生きるかではなく、何を残すのか。誰かのために死んでいくのか、ただ死んでいくかは自分で決めるしかない。

誰もが勇気と優しい心を忘れさえしなければ、きっと物事は正しい方向に向かうと信じている。

〝命を繋ぐ〟意味を一番知っているウチナーンチュならきっとできるはずだから――。

第五章

沖縄を変える男
我喜屋優監督

我喜屋《がきや》 優《まさる》 監督

1950年6月生まれ。沖縄県島尻郡玉城村出身。68年夏の甲子園では4番主将として活躍し、県勢初のベスト4進出。高校卒業後、大昭和製紙に入社し、74年には大昭和製紙北海道で都市対抗野球優勝。現役引退後は、社会人野球の監督を経て、2007年に興南高校の監督に就任。現在は、野球部監督の他、学校法人興南学園理事長と校長も兼任している。

■興南高校　甲子園　我喜屋監督全成績

2007年	夏	3－2	岡山理大付	
		2－5	文星芸大付	
2009年	春	0－2 延長10回	富山商	
	夏	3－4	明豊	
2010年	春	4－1	関西	
		7－2	智弁和歌山	
		5－0	帝京	
		10－0	大垣日大	準決勝
		10－5 延長12回	日大三	決勝
	夏	9－0	鳴門	
		8－2	明徳義塾	
		4－1	仙台育英	
		10－3	聖光学院	
		6－5	報徳学園	準決勝
		13－1	東海大相模	決勝
2015年	夏	6－5	石見智翠館	
		4－3	鳥羽	
		4－5	関東一	準々決勝
2017年	夏	6－9	智弁和歌山	
2018年	夏	6－2	土浦日大	
		0－7	木更津総合	

春：出場2回・5勝1敗・優勝1回　　夏：出場6回・10勝5敗・優勝1回

通算：出場8回・15勝6敗・優勝2回

会う度になぜか気になってしまうことがある。

常に我喜屋優の目が笑っていないことだ。

顔は好々爺《こうこうや》のように穏やかでつぶらな優しい瞳の持ち主だが、その瞳の奥には鋭い眼光を宿している。

「夏になれば朝の六時に若狭の波の上ビーチに行って、海に浸《つ》かってスクワットをしたり、軽く泳いだりしてますよ。あと、頼んでも母さん（奥さん）が背中を掻《か》いてくれないから、砂浜に仰向《あおむ》けになって背中を動かしてかゆみを取ります」

取材中でもこんな冗談を飛ばし、我喜屋も一緒になって笑うのだけれども、目は絶対に笑っていない。

だからなのか、我喜屋の取材前にはいつも自分に言い聞かせていることがある。アニマル浜口ばりに〝気合いだ気合〟と。隙あらば相手を居合で一刀両断するほどの凄みを持つ我喜屋と対峙《たいじ》するときは、ほんの少しの気の緩みが命取りになる。そう思っていないと、簡単に心の内を読まれて我喜屋に主導権が渡ってしまい、いいようにあしらわれてしまう気がするからだ。

沖縄は土地柄のせいか、政治に関して右派や左派という議論になりがちだ。それは普通の居酒屋の席でも平気で行われる。だからこそ、言葉を慎重に選ばなければならない。

我喜屋は目で相手の心を読み取り、相手に対して効果的に言葉を用いて、優しく説き伏せてしまうのだろうか。だから我喜屋と会うと、人は誰でも虜《とりこ》になってしまうのだろうか。

四番眞榮平が頷きながら話した言葉がある。

「監督の本が何冊も出版されていますが、本の内容はすべてミーティングで話したことばかり。本になるようなことを三六五日ずっと聞かされれば、人間誰だって正しく真っ直ぐに生きるようになりますって」

四番だけでない、エースもキャプテンもメンバー外もすべて、我喜屋の薫陶を受けている。

「高校の野球は家庭で言えば〝躾《しつけ》〟みたいなもので、野球がダメでも将来的に社会に出ても通用するような大人になれるように指導するのが興南高校野球部の基本です。生徒たちの考えや希望に対して、本人に計画性、実行力、反省できる力がすべて備わっていれば大人として認め自由にやらせます。でも高校生はそのうちの二つ、三つが大抵欠けているから管理しなくてはならない」

我喜屋が掲げた指導の基本は、自己都合主義の「なんくるないさー」を取っ払うことから始まった。まず野球よりも私生活を徹底して見直し、改善させることを優先させた。

それが、すべて結果に繋がったというわけだ。

「甲子園で勝つことは、そんなに難しいことではない。全国からいい選手を集めればいいだけなんだから。でも、私は、それだけは絶対にしたくない」

我喜屋が事あるごとにこう語るのには、理由がある。

日本学生野球憲章　第1章　総則　第2条（学生野球の基本原理）
「学生野球は、教育の一環であり、平和で民主的な人類社会の形成者として必要な資質を備えた人間の育成を目的とする」

上記にあるように、「教育の一環」という言葉に我喜屋は大いにこだわっているからだ。あらためて言うまでもないが、この「教育の一環」という言葉が、今までどれだけ遵守されていなかったことだろうか。

高校野球は生徒や金を集める道具ではない。しかし、現実はどうだろう。甲子園を目指す球児にとっての高校野球は「教育」以上の存在になっている。もはや甲子園は、名門大学、一流企業に進むための登竜門となり、プロを目指す球児にとって自分を高く売るためのショーケースと言っても過言ではない。

学生野球は経済的な対価を求めず、心と身体を鍛える場であるはずなのに、今や営利目的でしか使われていないように見えてしまう甲子園。そんな甲子園を是正したいがために我喜屋はひとりで戦っているように見えて仕方がない。

我喜屋が沖縄高校野球界に現れたときのインパクトは相当大きかった。一九六八年夏の甲子園で、沖縄県勢初のベスト4まで勝ち進んだ興南のセンター四番で主将。卒業後、大昭和製紙北海道で活躍し、一九七四年都市対抗野球優勝、社会人野球の監督としても実績を残し、いわば沖縄野球界のパイオニアともいえる存在だ。そんな我喜屋が、二〇〇七年興南の監督に就任するやいなや、二四年間甲子園から遠ざかっていた興南をたった四カ月で甲子園に導く。この快挙には沖縄県民も一様に驚き、〝我喜屋マジック〟と名付けられた。我喜屋のプロフィールは、すでにいろいろな媒体で書き尽くされているが、あらためて劇的な経歴だと感じる。

興南の監督に就任して一三年間で夏六回春二回甲子園に出場し、二〇一〇年には史上六校目の春夏連覇を達成するなど、名実ともに沖縄のみならず日本高校野球界の名将として君臨している。ここ一〇年で高校野球での実績はもちろん、興南の理事長としても経営を立て直すなど、八面六臂《はちめんろっぴ》の活動を示している。

二〇一四年の沖縄県知事選には候補として名前が挙がったほどで、今や沖縄高校野球界の枠に収まりきれないほどの人物であることは間違いない。

だが、すべてが順風満帆の我喜屋にも死角ができつつあった。それは、あまりに存在

社会人野球で優勝し、甲子園でも優勝した我喜屋優。甲子園出場夏6回春2回、通算勝利数14勝6敗。全国でも数少ない名将のうちのひとり

大阪のホテルにて、当時史上6校目の春夏連覇達成記念撮影

が大きくなりすぎて周りが何も言えなくなっているということだ。幸い、我喜屋は自分が独善的になるのを恐れ、常に謙虚な姿勢を保ち、門戸を広げて周りからの意見を聞くように心がけているそうだ。

連覇から一〇年の間に、名将から沖縄で最も影響力のある人物になった我喜屋優の次なる目標はどこにあるのだろうか。

指導者から見た島袋洋奨

指導者にとって選手は大事な教え子だ。決して作品なんかじゃない。プロに行かせるために野球を教えているのではなく、社会人として通用する人間を作るために興南高校野球部があるのだと我喜屋は常々そう言っている。とはいえ、野球人として自分の教え子がひとつでも上のクラスに行って活躍してくれることが嬉しくないはずがない。

二〇一〇年春夏連覇の大エース島袋洋奨は、野球の才能もさることながら人間性も申し分なく、我喜屋の中でも、特別な選手のひとりであるのは間違いない。だからこそ、聞きたかった。島袋の類まれなる才能をプロで開花させることができなかったことについてどう思うのか。

「トルネード投法は変則的な投げ方なので、それを修正しようとしたがる指導者が出たことが不調の原因だと感じたことがあります。上手くいけばいいけど、幼少期から染み付いている歩き方を直せというのと一緒だからそう簡単に修正できない。例えばガニ股を内股に直したら、野球選手に限らず陸上選手だって走れなくなってしまう。持って生まれた感覚は他人には見えないんです。ただ形として見えるものを直したおかげで、心の中までイジってしまうことがあるのを指導者は気付いていない。まだまだ研究の余地はあるが、イップスは脳神経を刺激するために起こる脳の病気とも言われてます」

こちらから聞かなくとも、島袋が中央大学時代から陥ったイップスについて我喜屋なりの見解が出たのにには驚いた。

「僕は島袋に対して、フォームなんて気にせず自由に投げろと指導していました。ただ、セットポジションの時にはプレートに合わせて左足をピッタリつけるのが通常だけれども、これだと身体を捻る際どこかに負荷がかかって痛めやすくなる。捻りやすいように踵《かかと》の部分だけプレートに合わせず空けてみたらいいのでは、と島袋の状態に合わせるような微調整を行ったことはあったけど、トルネードをやめろとは言ったことがない。ところが、変則投法のためちょっと調子が悪くなったり、簡単に盗塁されるようになるとフォームをイジりたくなる。気持ちはわかる。でもイジってしまうと根本が崩れていってしまう。島袋は大学に行ってフォームから何から何までおかしくなって、プロでは少し改善されて良くなったと聞いていたけど……。一回おかしくなるとなかなか元へ戻すことが難しい。プロはどんどん新しい選手が入ってくるんで、いつまでもおかしくなった選手を置いておけない。球団から解雇を受けたとしても素直に現実を受け止めて、次の人生で勝てばいいとは思いますけどね」

我喜屋は、島袋に対し深く言及しなかった。本当は言いたいことが山ほどあるのだと思う。大学二年まで順調にいき、高校時代、あれほど正確無比のコントロールを誇った島袋が、あんなノーコン投手に……。手塩にかけた選手だけに原因究明をしたかった。しかし、上のステージに送り込んだ指導者として、自分は口を出さずそのステージの指導者に任せるというのが我喜屋の鉄則だ。今更ジタバタしても始まらない。

昨年（二〇一九年）末に、国吉大陸が所属していた東京の会計事務所が主催したセミナーに我喜屋が講師として招かれた時のこと。経営者を対象にしたセミナー後の懇親会では、我喜屋の周りに中小企業の社長たちが群がり、我先にと質問を浴びせていた。そして主催関係者でもある国吉大陸もお礼かたがた我喜屋にお酌をし、かつての師弟として談笑していたときだ。恩師に一目会って挨拶だけでもと、島袋洋奨が遅れてやってきた。

すかさず二〇一〇年春夏連覇のエースが名将に近寄り挨拶を交わすと、今まで群がっていた経営者たちは一歩退《ひ》いていく。その場に同席していた私には、エースと名将が立ち話をしているそこだけ不純物が混じらない二人だけの真空空間ができたかのように見えた。だが、その中で互いにバリアが張られているかのような微妙な距離感があった。互いのプライドが邪魔するのか、完全な融合を避けているように思えた。

このときの様子を何人かの興南野球部メンバーに話すと、「そりゃ、そうですよ。監督はやっぱり洋奨にはかなり気を遣っていましたから」といった類の声がほとんどだった。

メンバーたちもわかっている。チームの指揮官は絶対で、加えてチームの中心となるピッチャーも同時に特別な存在だということを。別に興南だけでなく他のチームだって同じだ。監督とエースは対等な関係とまで言わなくとも、ある意味、試合をコントロールするという意味では同じベクトル上にある。だからこそ監督とエースとの関係には、他のメンバーとの関係にはない神秘性が隠されている。

「島袋が高校卒業後すぐにプロに行きたいと言えば送り出していた。進路に関してアドバイスはするけれども、どこどこへ行けとか絶対に言ったことがない。あくまでも本人の自主性に任せていた」

つまり島袋の進路に関して我喜屋は強要した覚えがなく、むしろ本人の自由にさせていた。

「大学の後半の成績を見ると、プロの世界では難しいという内容だよね。むしろプロに行けたのが不思議なくらい。ソフトバンクの王《おう》（貞治《さだはる》）さんが高校時代でのポテンシャルを評価し、もう一度復活するだろうという期待感があったから獲ってくれたんだろう。

本当にありがたいと思った。だけど、あの時点ではプロのレベルにはまだまだ到達していない印象だった。フォームがバラバラになったのはなぜなのか、心の病であるイップスにかかったという人がいるけど、それならば誰の責任なのか、自分自身なのか」

島袋への怒りの言葉はどこにも出てこない。あれほど甲子園で無双状態だった島袋を壊してしまったのは誰なのか。このときばかりは穏やかな口調の中にも言い知れぬ怒りを滲ませていることをありありと感じた。甲子園で優勝するピッチャーは宝だと常々言ってきた我喜屋にとって、宝が輝いているときだけ大切に扱い、壊れたら壊れたままで誰も原因解明せずに終わり。それで幾人の甲子園優勝ピッチャーが潰れていったのだろうか。

「かつての興南OBの仲田幸司（元阪神）、仲田秀司《ひでし》（元西武）、デニー友利《ともり》（元大洋）に関しては、どう見たってプロで通用する身体だったでしょ。二〇一〇年春夏連覇メンバーの中で一番大きかったのは四番の眞榮平の179センチだけど、足が遅い、肩も弱い、高卒プロ入りはまだまだな感じだった。高良《たから》（一樹《かずき》、元ソフトバンク）もダメだった。大城（滉二、現オリックス）も二〇一九年の後半から腰を痛めた。では、オリックスドラフト1位の宮城（大弥）が通用するかといったら、社会人野球の監督もしていた僕からしたら、本当の意味の1位ではない。あくまでも将来性を加味されたもので、興南野球部から高卒プロ入りして即戦力になった選手はほとんどいませんね」

社会人野球で長らく指導してきた我喜屋は、プロに行くレベルの凄さを間近で見て、プロで通用する人間のポテンシャルは一体どういうものかを心底知っている。二〇一〇年春夏連覇をしたからといって、イコールプロに行けると思ったら大間違いだ。マスコミを通して春夏連覇メンバーのことを「チャンプルー手作り集団」とずっと言っていたのは、謙遜なんかではない。一つひとつが小さくても結集してまとまった力を臨機応変に出せれば、見事花を開かせることができる。それを証明しただけで、プロに通用する選手を輩出しようと思ったわけではない。

社会人野球を選んだ眞榮平に取材した時に、こんな話を聞いた。

同郷の社会人の先輩から「興南の我喜屋監督は確かに素晴らしい指導者だ。二〇一〇年春夏連覇の偉業も凄いこと。しかし、眞榮平！　おまえがいつまでもそこに囚われているからプロに行けないんじゃないのか！」と言われた言葉が衝撃だったと。ある意味、その通りだと眞榮平は思ったという。

この話を、そのまま我喜屋にぶつけてみた。

「プロに行く連中は、自分で物事を考えないといけない。社会人野球だって同じ。私は北海道時代、雪の上でも新たな練習法を開発してスイングしていた。僕が社会人に行ったときなんか、身体はちっちゃいし、野球はまったく教えてくれないし、本当に酷《ひど》かった。でも社会人に行って自分で色々と学んで吸収していった。自分から開発していかないと無理なんです。

連覇メンバーの中で何人か社会人野球に行ったけど、甲子園ベスト8以上まで進んだ高校の選手じゃないと取らない六大学のように、二〇一〇年春夏連覇メンバーという冠がプラスとなっている要素もある。決して実力だけで入ったわけではない。社会人野球に進んでなぜダメになったのかを考えないといけないし、社会人野球でメンバーから外れたのなら技術の問題が多分にある。プロに行きたいと思うのはいいことだけど、その時自分がなぜ試合に出られないのかを冷静に分析して突き詰める作業をしないとプロには進めません」

監督のスタイルに合わないから、環境が合わないから野球が上手くならないのだと外的要因のせいにするのは簡単だ。しかし、根本の原因でもある自分自身を見つめ直すことが一番重要だと、我喜屋は声を大にして言いたいのだ。

「私が高校日本代表の監督としてロサンゼルスに行ったときに、代表に選ばれた興南の選手たちも山田哲人を見て明らかに他の選手たちとの違いがわかったと思う。足、肩、守備力、走力すべてが抜群だった。東海大相模の一二三《ひふみ》(慎太、元阪神)は体力に恵まれていたけど……、前橋商業の後藤駿太(現オリックス)、中京大中京の磯村(嘉孝、現広島)はプロに行って通用するなと思った。興南メンバーで高卒プロ入りできたのは誰もいないでしょ。高卒プロ入りすること、プロで活躍することの難しさに気づいたのが国吉兄弟だと思います」

国吉大陸は高校日本代表に選ばれ、約９０００キロ離れたロサンゼルスで山田哲人の凄さをその目で見て感じた。そのおかげで野球を続けるという思いを完全に断ち切ることができた。

「のびのびやったら伸びるという話をよく聞くけど、踊りの世界では型、着物の世界では仮縫いといった感じで、僕はあくまでも基礎だけしか教えていない。興南で野球ができたからといって、即プロや社会人野球で通用するというわけではなく、将来花を咲かせるために自分たちの根っこ作りを意識することが重要なんです。我如古がなぜプロに行けなかったのか。大城がなぜプロに行けたのか。二人を見比べれば守備やセンスが全然違うというのがわかる。島袋にしたって大学後半を見れば、よくプロに行けたと思う」

二〇一〇年甲子園春夏連覇はしたものの、個々で見れば誰もプロレベルではなかったと我喜屋は断言する。まず身体の基本の作りがプロ向きではない。身長の高さは関係なく身体能力的に飛び抜けたものがない。それとセンス。高校野球では通用するけれども、トップクラスで勝負するためには並外れたセンスがないと太刀打ちできない。一〇年経ったからといって「ああ、あいつは凄かった」、「力だけはプロ級だった」とお世辞めいた言葉を我喜屋は絶対に口走らない。無理なものは無理とはっきり言うほうが時に優しい場合だってあるのだ。今更ながら我喜屋の厳しさをあらためて見た思いがした。その厳しさがあるからこそ、興南は常勝軍団でいられるのだと再確認した。

毎年夏の県大会前には必ず我喜屋を取材していた。今まで計二〇回以上取材している中でも、今回ほど人間我喜屋を見たことがなかった。

本書に関する最終取材後、我喜屋に誘われ食事に行った時のことだ。アルコールも手伝っていろいろな話を交わす中で、別に何の他意もなく「興南の二〇一〇年春夏連覇はやっぱ全員の力ですよね」と言うと、すぐさまこう返してきた。

「バッティングが格段に良くなったのは大きかった。本当によく打った。それにもまして、二〇一〇年春夏連覇の原動力に島袋の力は欠かせない」

我喜屋の思いがすべて込められている言葉だった。

我喜屋を見ていると、鬼軍曹のような雰囲気などはまず感じられない。温和な顔つきが功を奏しているのか、学校の長たる者の毅然《きぜん》たる風格、品が備わっている。

しかし、一歩グラウンドに入れば鬼に変わる。それが指導者というものだ。人生経験が異常に豊富なだけに、ちょっとやそっとの無理難題を出しても楽々と納得する答えが返ってくる。どんなに理論武装をして立ち向かっても簡単に言い負かされてしまう。技術においても「率先垂範」をモットーにしているため、我喜屋自身がその場で手本のプレーを示す。長時間のプレーは無理にしても、もともと現役時代はセンターで名手だっただけに外野の守備やバッティングを華麗にセンス良くこなしてしまう。そんじょそこらの高校生には太刀打ちできない。

我喜屋が興南に赴任してまず最初にしたことが選手たちの私生活を徹底的に見直したことだったのは、もはや有名な話だ。沖縄にはウチナータイムという便利な言葉がある。よく言えば時間に拘らない、はっきり言ってしまえば時間にルーズという意味だ。時間を守らないということがいかに人生で大きな失敗に繋がるかを選手たちに理解させるため、寮での就寝時間前の点呼は一分一秒でも遅れたら許さなかった。時間厳守は、社会的基本ルールを叩き込むと同時に、野球においても時間を有効活用することがどんなに重要なのかをわからせる意味もあった。

メンバーに甲子園の試合のことを聞くと、試合があまりにスピーディーで自分のペースが摑めなかったと口々に言う。それは他校の球児たちも同じで、甲子園の試合はあっという間に終わるという話をよく耳にする。テレビ放送や試合日程のこともあって審判団がプレーを急《せ》かすため、我喜屋は試合中、準備をする時間を少しでも設けるために攻守の交代時に全力疾走させる。ガッツポーズ禁止も相手を慮ることを一番の理由とするが、喜びを爆発させるくらいならさっさと次の行動の準備をしろという意味もあった。甲子園で自分のペース、リズムを作るには、攻守交代の行動を早めて少しでも時間を確保すること。ひとつのルール「時間厳守」もすべて野球に連携しているのだ。

我喜屋の教えには一点の曇りもない。これだけすべてにおいて理に適《かな》った完全無比な指導者だと、選手たちからすると息がつまるのではないか、最初はそう思っていた。

でも実際は違った。我喜屋優は教育者であり勝負師でもあるが、たまには人間我喜屋優になることだってある。

当時、我喜屋は選手たちと一緒に寮に住んでいた。

ある晩、ほろ酔い気分になって我喜屋が点呼前に寮に帰ってきた時だ。

まだ就寝時間前だったので、入寮している選手たち全員にアイスを買ってきた。

「おい、おまえらアイスだぞ。ほら、取れ！」

と花咲爺《はなさかじい》さんのようにアイスを放り投げた。意外な行動に、選手たちは戸惑った。

「オラオラ、取れ取れ」

なんだか嬉しそうにアイスを放り投げている我喜屋。

すると、バタバタと騒がしく寮母である我喜屋の妻万里《まり》がやってきた。

「監督、何をやってんですか？」

「ん？　アイスを買ってきたんだ」

「そうじゃなくて、普段から食べ物を粗末にするなと口酸っぱく言っている監督自身が食べ物を投げるなんてどういうことですか！」

「うるさい、つべこべ言うな！」

「つべこべ言います」

夫婦喧嘩が始まった。

選手たちは「また始まった」と思い、こっちに火花が飛んで来ないようにとアイスを持って、とっとと部屋に戻っていった。

嘉陽《かよう》歩惟《あい》が懐しむように話す。

「監督さんに歯向かうなんて一度もありません。ただある時、監督さんが酔っ払って帰ってきて寮母である万里さんと喧嘩しているんです。かなり激しい怒鳴り声が上まで聞こえたことがあったんです。この時、みんなで集まって〝もし万里さんに何かあったら絶対に守ろう〟と団結して刃向かおうとしたのを覚えています」

我喜屋にその旨を話すと、

「あいつらには、よく夫婦喧嘩を見られたな。『出て行けー』と妻に言って翌朝には妻に『ごめんなさい』の繰り返し」

我喜屋は笑いながら言う。ワザとなのか天然なのかはわからないが、威厳のある人物が人間らしい部分を見せることで周囲との距離が近づくことがある。選手たちとの垣根を低くしたいわけではないだろうが、監督と選手は看守と囚人の関係ではない。あくまでも監督と選手であり、信頼がないと成り立たない関係だ。

たまたまだととぼけるか、さすがは百戦錬磨の我喜屋といったところか。

監督、理事長、校長の三刀流

二〇一〇年の甲子園春夏連覇は、沖縄のみならず高校野球界でも衝撃の出来事だった。これまで一〇の高校が甲子園で連覇（春夏七校、夏春四校）を達成している。その中でもベンチ入りメンバーがすべて同一県出身者で構成されているのはいまだに興南高校だけである。これは、史上初の画期的なことでもあった。

野球が上手な中学生が地元を離れ、県外の野球強豪校に行く野球留学はもはや当たり前のこととなっている。そんな現状で沖縄県出身者のみで二〇一〇年春夏連覇したことに大きな意義がある。

我喜屋は連覇したチームのことを「チャンプルー手作り集団」と呼び、あえて謙遜した言い方をするが、誰にも後ろ指を指されない「教育の一環」だという高校野球の理念に基づいたやり方で、長い高校野球の歴史で唯一連覇できたことはさぞ痛快だったのではなかろうか。

この連覇以降、全国の高校指導者から我喜屋野球が俄然注目された。我喜屋自身も『逆境を生き抜く力』（WAVE出版刊）、『非常識』（光文社刊）、『日々、生まれ変わ

選抜甲子園決勝で日大三高を延長12回10対5で破り優勝し、
胴上げで珍しく喜びを爆発させる我喜屋監督

現在、理事長、校長、監督
と三刀流をこなす我喜屋。
まだまだ伝説は続く

る』（光文社刊）と著書を続けざまに三冊刊行するなど、監督としてまさに名実ともに時代の寵児《ちょうじ》へと駆け上がっていく。

私も連覇後に内地の高校へ取材に行けば、取材先の監督から「我喜屋監督はどういう野球をやるんですか？」、「興南の練習は普段からどうやっているんですか？」という質問を必ず受けていた。さらに選手からも「我喜屋監督はどういう人ですか？」、「なぜ興南は強いんですか？」といった素朴な質問をガンガンされたのを覚えている。特に、選手からは我喜屋監督の人間性についてよく聞かれた。そういった時に「仙人みたいな人ですよ」と答えると、「もっと詳しく教えてください」と言われるので、お約束のようにこの一例を話した。

興南野球部恒例の朝の散歩で、興南の選手たちはゴミ拾いをしていた。するとキャプテン我如古が訝《いぶか》しげな顔をしながら我喜屋に言う。

「監督、僕たちがゴミを拾っている傍らから、大人が平気でゴミを捨てています。やっている意味がありません」

我喜屋は黙って聞き、ゆっくりと口を開く。

「そうだな。ひどい大人だな。でも、今おまえたちがゴミを拾っていればおまえたちが大人になったときゴミを捨てることはないだろ」

この話を内地の高校生にすると、大抵が納得し、なぜか羨ましそうな顔になる。これこそ我喜屋マジックではないかといつも思っていた。

連覇後は、興南野球というより我喜屋野球がひとつのトレンドとして、高校野球界の新興勢力として新たなモデルとなった。我喜屋野球の真髄とも言える、場面場面によって自らの考えの元で対応する〝反応野球〟、〝反応バッティング〟を教えてもらうために、全国の高校の新人監督から中堅どころの監督までこぞって練習を見学しに来ていた。まさに、興南ここにありだった。


我喜屋は、野球の技術だけでなく、生活面の指導においてもきちんと納得するまで何度も何度も選手に言いきかせてきた。それは連覇メンバーだけに限ったことではない。〇七年に興南に就任してから今までずっと続けてきたことだ。

個性という花を咲かせるには、規律という根っこ作りをしなければいけない。

センバツ優勝後、五月のＧＷ過ぎに三年生部員四五名のうち三五名ばかり謹慎させたことがあった。俗にいう〝マユ毛事件〟だ。選手たちがマユ毛を整えたことで身だしなみが乱れたとして、罰として謹慎させたのだ。

「寮母であるうちの母さんが『島袋くん、なんか変わったわね』って言うもんだから、本人に聞いてみるとマユ毛を整えただけだと言う。もうけしからんでしたよ」

別に、当時流行《はや》った山の字にカットしたマユ毛ではなく、ただ整えただけでよく見ないとわからない程度。しかし、身だしなみの乱れは心の乱れの始まりでもあり、我喜屋は絶対に許さなかった。かなりの人数のレギュラーメンバーも含まれ、練習には一切参加させずに草むしりをさせた。後一カ月で沖縄県大会が始まる。最悪、我喜屋は辞退する覚悟でいたそうだ。たとえ、夏の大会を犠牲にしても変えなきゃいけないことがあると感じていたからだ。メンバーの何人かは正直「もう間に合わない」と思ったという。

我喜屋はとにかく徹底してやらないと気が済まない性格で、かつ瞬間湯沸かし器でもある。プロでもアマでも名将たる者は、大概そうだ。

一度、糸満高校との練習試合に0対10で負けたことがあり、頭にきた我喜屋は「走って帰れ！」と選手たちに指示を出した。糸満から興南までゆうに10キロ以上ある。我喜屋も一緒に走ったが、真夏の炎天下で暑くて暑くてたまらない。

「我喜屋先生、頑張って〜〜」

沿道でちびっ子たちが手を振るものだから、途中で止めようにも止められない。

後に我喜屋は「真夏に走らせるのは危ないから今度からやめよう」と後悔したという。

また二〇一〇年夏の県大会一回戦の宮古総合実業戦のことだ。5回コールドの10対0で初戦を危なげなくコールド勝ちしたメンバーたちは、試合後すぐにバスに乗り込んでいた。すると、我喜屋が血相を変えてバスに乗り込み、もの凄い剣幕で怒鳴り散らした。他のメンバーが後片付けをしているのにベンチ入りメンバーだけ悠々とバスに乗っていることに腹を立てたのだ。「おまえらはそんなに偉いのか！」と怒りをぶちまけ、片付けられていた応援用のメガホンを摑んでは投げ捨て、摑んでは投げ捨ての繰り返し。その投げつけられたメガホンは前に座っていた比嘉渉に全部当たる。我喜屋が心底怒っているため比嘉はメガホンを避けることもできず、ただポカポカと当てられるまま。バスの中は異様な光景だった。そして極め付けは「走って帰れ！」と言い付け、選手たちは奥武山《おうのやま》球場から学校までの3キロの道のりを走って帰った。

連覇を果たしたひとつ下の世代は、ある意味相当きつかっただろう。

連覇の後だけに否が応でも周囲の期待は高いし、プレッシャーはとてつもなかったはずだ。

ひとつ下の世代といえば、二年生ながら春夏連覇時の不動のショート、現在オリックスでもショートのレギュラークラスである大城滉二が、当時のことを思い返す。

「やっぱり二〇一〇年春夏連覇は先輩に連れてってもらった意識が強いですね。僕は秋の大会、九州大会もベンチに入れてなかったのが、いきなり甲子園メンバーに選ばれ、それも初戦からスタメン出場した時には、さすがにびっくりしました。監督に『バッティングはいいから守備だけしっかりやれ！』と言われたので気は楽でした。僕らの代は、連覇世代よりも総合力では上と言われたこともありましたが、投手力が圧倒的に違いました。島袋さんの存在はとても大きかったですね」

インタビューした大城は、高校生のときとは比べものにならないくらいの身体の厚みと佇まい。さすがは、プロの一軍選手という出で立ちだった。

「高校時代で一番よく覚えているのは、春のセンバツ甲子園で試合前日の練習中のことです。他校のグラウンドを借りて打撃練習をしている時に、転がっているボールを蹴っちゃったのを監督さんに見られて、まあまあ凄い勢いで怒られました。もうこの時点で試合に出ることはないなと思いましたね。このことは監督の著書にも書かれていて、監督の講演でも話されているみたいですね」

高校時代の一番の思い出は試合でなく、我喜屋に怒られたこのシーンを取り上げたところが常人とは少し違う。

同じくひとつ下の宮城和法にも、自分たちの代について聞いてみた。

「連覇の後だったんで、めちゃくちゃプレッシャーがかかりましたね。監督への取材依頼が殺到して常に取材取材で忙しく、グラウンドに来てもすぐいなくなってしまうのであまり指導してもらえませんでした。僕らは周りから〝春夏連覇の一個下〟としか言われません。秋の新チームになって九州大会で負け、それでもプレッシャーは続きました。やりづらいと思ってましたね。通常なら三年生が負けた時点で翌日退寮となって引退となるんです。それが夏の甲子園も優勝して国体に出ることになったので一緒に練習もするし、一体いつが三年生の引退なのかわからなくて、新チームへの切り替えがスムーズにできなかった感じですね」

通常、三年生が負けることで、必然的に二年生たちの代に切り替わる。寮では負けた翌日が引退式となり、三年生が一斉に退寮する。しかし、春に続き夏の甲子園も優勝した三年生は沖縄に戻っても各々が勝手に退寮していくだけ。そして国体出場のため三年生も一緒に練習に参加するため、二年生は自分たちの代になったという明確な線引きがなく、あやふやだった。

それでも史上初の三連覇をかけて新生興南は発進した。秋の県大会はまったく危なげなく優勝し、センバツに繋がる九州大会へと臨んだ。初戦で長崎代表の創成館を5対1で下し、ベスト8進出。次に勝てばセンバツの目が見えてくる中、熊本代表の九州学院に5対6でよもやの敗戦。

沖縄では、テレビで緊急速報としてテロップが流れたほどだ。興南が負けたのはもはや事件だった。甲子園史上初の三連覇がかかった夢は、あっけなく潰《つい》えてしまった。

ひとつ下の世代が言うには、二〇一〇年甲子園春夏連覇後、我喜屋が取材や講演等で忙しいため練習を見てもらった記憶がほとんどないという。真意を確かめるために直接我喜屋にぶつけてみると、意外な反応が返ってきた。

「うぉ!?」戸惑いが含まれているかいないかちょっと読み取れないような声を軽く上げ

る。「誰がそんなことを言う!?」と語気を強めた声が返ってくると予想していただけに少し拍子抜けだった。

「取材や講演によって私が野球の練習の手を抜くことはありえません。二〇一〇年の七月に理事長に就任し、甲子園で長い間留守にしている期間があったため、沖縄に戻ってきて学校経営の見直しやらなにやらで会議会議の連続だったことを指しているのではないか」

二〇一〇年七月、甲子園前に我喜屋は理事長に任命され、さらに翌年四月には校長就任となっている。理事長、校長、監督の三刀流だ。

「理事長をやっているため我喜屋は経営者だって言われ方をするけど、健全な学校経営になってこそスポーツができる。そういった意味でも二〇一〇年春の甲子園優勝後に推薦を受けて理事長を引き受けることになった。理事長、校長、専務、監督の四人分をひとりでやるから三人分のウン千万近くの給料が経費削減できる。とにかく財務の立て直しから始めました」

我喜屋の手腕により、学校経営がV字回復していくことで進学率も上がり、難関国立大学、国立大医学部へ進学する生徒が出てくるようになった。

興南野球部OBで元銀行マンの慶田城広は熱く語る。

「我喜屋さんが来てから学校の財務状況がガラッと変わりました。格付けでいうと、県内の優良企業に匹敵するくらいの財務内容です。連覇のおかげで校納金、つまり学校の収入がしっかり確保できるようになったのです。よく固定費をまかなうために短期的な借り入れが増えていってそれが返済できなくなってしまい、学校経営を圧迫するケースが多々あります。今の興南には、無理な借り入れなどありませんから」

一九八〇年夏の甲子園ベスト8メンバーかつ、連覇メンバーのセンター二番慶田城開の父でもある。連覇当時は父母会の会長として尽力していた。

我喜屋は監督として甲子園で二〇一〇年春夏連覇、理事長として学校経営の立て直し、校長として進学率アップとスーパーマン的な働きを見せていく。やるとなったらとことんやるからだ。そんな我喜屋優といえども、ずっと勝ち続けることはできない。

連覇の翌年の二〇一一年夏の沖縄県大会準決勝で、中部商戦に6対7で逆転負けしてから、興南は低迷期に突入する。夏の県大会において、一二年二回戦、一三年三回戦、そして一四年は一回戦負けと、王者興南は転げるように凋落《ちょうらく》していった。現に二〇一三年世代は連覇メンバーに負けず劣らずのポテンシャルの高いチームだったにもかかわらず、夏の県大会は三回戦負け。

「中学三年の時に二〇一〇年甲子園春夏連覇を見ているので、僕らの代は県内のいい選手がみんな興南に集まってきたんです。一年夏から秋にかけてやる一年生だけの一年生大会も優勝し、自分たちの代はイケると思ったんですが、個性が強すぎてチームをまとめられる選手がいませんでした。敗因はそこですね」

サウスポーの栄野川盛隆は述懐する。

当時の真栄田聡興南野球部部長によれば、「春夏連覇の翌年に入学した世代は連覇世代に匹敵するくらいいい選手が多くいました。今思うと、連覇翌年の夏の県大会準決勝で中部商業に負けたのが痛かったですね。これに勝っていれば、その翌年以降もうまく繋げられたように思います」

高校野球は面白いもので、一度甲子園に出てしまえば次世代も続けて出場することがそう難しくないと言われている。甲子園に出場するまでの戦い方がひとつの指標として定まるからだ。逆のパターンも同じで、低迷するときにも節目となる試合があり、それに勝てないとそのままズルズルといってしまうケースもある。興南のターニングポイントは二〇一一年夏の県大会準決勝だったと言える。

この低迷期の頃に取材したとき、我喜屋にこう聞いてみたことがある。

学校の応接室で雑誌の取材をしている時に「我喜屋先生、最近テレビで試合を拝見すると、以前よりお顔が優しくなっているように思えてなりません。勝負師としてのお顔が見られないような……」と恐る恐る言ってみると、「ん!? そう?」と即座に反応し、ギッと睨《にら》まれた。

県内では「興南は終わったか」、「我喜屋は監督を後任に譲るつもりだ」という噂がチラホラ聞こえ始めた頃だ。理事長、校長、監督の三刀流自体に無理があるのではと内外野から懸念されていた時期だけに、意を決して伝えた思いがある。

笑ってごまかすのであれば世間の風評通りだと思ったが、まったく違った。私の言葉に即座に反応し、朗らかだった顔が「何を小童《こわっぱ》がほざいてやがる！」といった険しい顔つきになったのを今でも鮮明に覚えている。

別に私の言葉がきっかけとなったわけではないだろうが、二〇一五年にはサウスポー比屋根雅也《ひやねまさや》（現立教）、一七、一八年にはサウスポー宮城大弥（現オリックス）を擁して、たて続けに夏の甲子園に出場している。強い興南が帰ってきたのだ。

振り返ると、かつての剛腕サウスポー仲田幸司（元阪神）、二〇一〇年春夏連覇のエース島袋洋奨、二〇一五年甲子園ベスト8比屋根雅也、オリックスドラフト1位の宮城大弥と、興南は良質なサウスポーを輩出している。

「高校野球において、いいサウスポーがいればチームが強くなっていくものです。別にサウスポーを育てるのが上手いわけではないと思います」

我喜屋はあっけらかんと言う。素材の良いサウスポーが入学し、そのまま順調に伸びていっただけで、決して自分が育てあげたわけではないという。

ピッチャーにしても野手にしても大型化が求められている中、サウスポーだけは小柄でも十二分に通用する傾向がある。楽天の松井裕樹《ゆうき》、ヤクルトの石川雅規《まさのり》、巨人の田口麗斗《かずと》、DeNAの濵口遥大《はまぐちはるひろ》、ソフトバンクの嘉弥真新也《かやましんや》などは身長170センチ前後だ。左の大型ピッチャーはあまり目立った活躍はしておらず、むしろサウスポーは170前半くらいの身長のほうが大成しやすいのかもしれない。

とにかく、二〇一〇年がピークと揶揄されていた興南は、我喜屋の手腕により見事復活した。

沖縄を変える

我喜屋は大学野球についても一家言あるようだ。

「最近はちょっと大学野球が中途半端かな。もう一回大学野球、高校野球のあり方を考えなくてはならない。共通しているのは、一生懸命、必死にやる。これがなくなったら野球から学ぶことはほとんどない」

高校野球があれだけ人気があるのに、大学野球となると東京六大学くらいしか人気がなく、地方のリーグ人気は惨憺《さんたん》たるもの。野球人口の減少が危惧されている中、野球界全体を見て考えなくてはいけない。

「早稲田は早稲田の伝統を守ればいい、慶應は慶應の伝統を守ればいい、そんなことを言っていたら野球はますます見放される。確かに伝統は大事かもしれないけど、そんなのは世間から見たら時代錯誤。脱皮しない蛇は死ぬんだからどんどん脱皮していかなくてはならない。大学野球は地域貢献的な努力をしているところが少ないんじゃないかな。地域に足を運んだり、ボランティア活動をやったりと、地域で望んでいることは知りたければ役所に行けばいいんだから。社会人野球のチームはやってましたよ。ＮＴＴ東京は近くの高齢者が住むアパートへ訪問して何か手伝ったり、大昭和製紙は地域住民の雪かきの手伝いをしたり、あれだけの兵隊がいるんだからやろうと思えば何でもやれる。野球も大事だけど、国民、地域に対して何ができるかを考えないといけない」

我喜屋は特に大学野球界が伝統を守ることばかりに必死になっていることで、本来の学生野球のあり方を忘れ、利己主義的になっているのではないかと警鐘を鳴らす。

「高校野球もちょっと油断すれば他競技に流れてしまったりと、野球人口が年々減っている現状がある。でも高校野球には確固たるものがある。生徒数が少ない高校は、少ない高校同士で連合チームを作るしか手立てがないんですと嘆いている。もっと幅広く考えてみることも大事で、例えば夏の大会から外れた、越境入学している選手を補強という形で貸し出しする仕組みを作れば、もっと地域が盛り上がると思う。大会期間中にひとりの投手が投げる総数を『一週間５００球以内』と制限し、頑張っている投手をケアすることばかり考えているけど、頑張っても出られない選手のことも考えないといけない。これは日本全体で問われていることです。出られない三年生は、紅白ゲームで憂さ晴らしすることが〝教育の一環〟ですかって言いたい」

昨年夏頃から議論になっている球数制限に対しても持論を述べた。

「ひと口に球数制限というけれど、ではブルペンで投げている球数はどうするのか。もっと現場の意見と過去の歴史を検証して、不平等にならないように考慮しないと。とにかく議論不足です。もっと多方面から多様性を持った意見を取り上げないといけない。二〇一八年春のセンバツから導入したタイブレークに関しても、イニングの表と裏では不平等が出てきてるしね。ルールを作るのは簡単です。高校野球の長い歴史の中では、体調不十分であっても、それを気持ちでカバーして勝利を摑み取ったという試合は何試合もありました。精神論なんて時代錯誤なんだろうけど、人生に立ち向かっていくうえで見本となるケースがいくつもあるでしょ」

投球制限に関しては、プロ野球選手がメディアを通して持論を展開していることでも話題となっている。プロ野球OBの桑田真澄《くわたますみ》（元巨人）や現役メジャーリーガー筒香嘉智《つつごうよしとも》（現レイズ）が、高校野球における球数制限導入に賛成の立場を示している。プロ野球OBで日本ポニーベースボール協会（ポニーリーグ）の理事長でもある広澤克実（元ヤクルト）が、多角的な視点で述べてくれた。

「一四歳までに肘痛を起こした選手は、将来トミー・ジョン手術を受ける確率が高くなるというデータがあります。つまり一概には言えませんが、理論的には一四歳までに肘痛を起こさなければリスクは随分と減るわけです。その間、軟式だったり、軽いボールを使うことが将来のためになるということです」

ポニーリーグとは、ボーイズ、リトルシニア、ヤングとともに日本少年硬式野球会の主要四団体のひとつである。所属している選手はおよそ二〇〇〇人と四団体の中では最も少ない。他の三団体と違う特徴として、アメリカのベースボールを参考にした考え方のもとに運営している点がある。

中学一年生　1試合の投球数60球　変化球は禁止

中学二年生　1試合の投球数75球

中学三年生　1試合の投球数85球

同日の連投、投手と捕手の掛け持ちでのプレーは禁止

一日50球以上の投球を行った場合、休養日を一日設ける

3連投は禁止

同一試合の再登板は1回だけとする

また、ブルペンでの80パーセント以上の強度での練習も含めて、一週間での球数を以下のように設定する

中学一年生　180球　変化球は禁止

中学二年生　210球
中学三年生　240球

非常にわかりやすいルールだ。

近年、高校野球において「球数制限」の是非について有識者を交えて喧々諤々《けんけんがくがく》の議論がされている。高野連は「一週間で500球制限」というルールを設けたが、どうも場当たり的な改善策に思えて釈然としない。もはや「球数制限」という言葉自体に、投球以外の何かしらの制限がかかってくるような気がしてならない。例えば、選手層が薄い公立校の投手の整備はどうするのか、攻撃において本来の野球の質が変わってしまうのではないかなど、アンフェアなことが高校側に降りかかってくる。

独自な視点を持つ広澤の見解は非常に面白い。

「高校野球でいうと、高野連に属している高校球児が一学年に大体五万人いると言われています。三学年でおよそ一五万人。夏の県大会において1試合目で負けてしまう選手の数は七万五千人、2試合しかできない人は一〇万人強。甲子園決勝まで過密日程で投げ続ける投手は二〜四人。つまり球数制限導入賛成派の人たちは、一五万分の二とか三、四人の選手に対してだけ意味がある議論をしているんです。極端なことを言えば、それ以外の投手は一大会で肩を酷使するまで投げられないわけです。大事なのは練習で投げすぎないことなんです。練習のときに指導者がどうやって選手を休ませてあげられるか。連投が過密になる甲子園の準々決勝、準決勝、決勝に行けるピッチャーは数人しかいないんですから。一五万人分の数人のためのルール作りはありえないって話なんです」

昨年から「球数制限」と騒ぎ立てているが、一部の選手たちのことを考えてのルール作りであり、全体を俯瞰で見てのルール作りの提案はどこからも出されていない。

ポニーリーグが選手ファーストのルールを構築できて、高野連にはなぜできないのか。以前から我喜屋はもっと議論の場を設けるべきだと声高に言っている。ここまで実績のある現役高校野球の監督で高野連に対して物を言えるのは我喜屋だけだ。

我喜屋は野球界だけでなく、〝沖縄〟に対しても同じ思いだ。

「私は選手に対していろいろと怒るけど、半分は親の責任があるからおまえはこうなったと家に帰ったら親に言えと告げる。挨拶もできない、後片付けもできない、赤点ギリギリなのに努力することもできない、親から何も教わっていない証拠だ」

我喜屋は声を大にして断言する。これは沖縄の環境が大きく起因している。

「大人が夜の一〇時一一時まで子どもを連れて、子どもが眠たいのに酒の匂い、タバコの副流煙を浴びせるなんて言語道断。すべての親がそうではないだろうけれど、こんなことが許されている悪しき沖縄文化に対抗して寮では絶対に二三時には寝かせる方針を敷いた。父兄だろうと誰だろうと寮で絶対に酒を飲まさなかったし、まだまだ子どもでしてほしい。私生活まで行政が介入するのかと文句を言う人がいるかもしれないけど、沖縄の各市町村でもそうある生徒の世界をしっかり守ってあげることが大切なんです。

（※）

行政を使ってでもこの悪しき沖縄文化を直していかないといけない。子どもをしっかり寝かせる、目が覚めたら食事をさせる、そして運動すると脳神経が働いて第六感も働く。子どもが成長する第一歩へ親がしっかり導いてこそ親なんですから」

私は沖縄に住んで一一年経つが、確かに深夜に子どもを連れ回している親を何度となく見かける。居酒屋に乳児を連れ、平気で〇時近くまで親は酒を飲んでいる。普通なら特殊な光景に見えるが、沖縄では当たり前の光景だ。小学生までは良質な睡眠こそが成長ホルモンを多く分泌させ、身長を伸ばす時期であることを知らないのだろうか。どんな事情があるにせよ、自分たちの酒を飲みたい欲求のために子どもを居酒屋に遅くまで連れ回すのは、バカとしか思えない。

「海を越えて沖縄の常識は内地とはまったく違うものがある。沖縄はまず教育を最重視しなければいけない。基本を守ることこそが成長発展に繋がる。沖縄は特に離島や小さい部落の場合だと、どんなことでも許されるところがある。私を教育者であると言う人もいれば、経営者であると言う人もいるけど、すべて共通していることは基本なんです。人間が生きていくには心を豊かにしないといけない。心を豊かにすれば、形に現れる。形とは、仁（人を思いやる）・義（利欲に囚われず、なすべきことをなす）・礼（礼儀)・智《ち》(理智)・信(信用)。理想とする文化作りは、心と形作りだよ。どっちが先かではない。心ないものにいい形はない」

身に染みる話だ。心を豊かにすれば、良い形ができる。それは社会にも通じること。沖縄社会の欠点として低年齢からの夜型社会であることを指摘したが、企業の社員教育もまだまだ整っていない。基本を教え込まずに現場へとすぐに出してしまう。沖縄の飲食店がいい例だ。昔に比べればまだ良くなったものの接客対応がまだまだ未熟だ。とにかく基本を教え込まない特性がある。すべては、テーゲー(適当)だからだ。教えてもらわないから見よう見まねでやる。逆にそれは、努力できる力があるということでもある。だから、教育システムがきちんと構築されれば、沖縄はいい人材育成ができると私は信じている。

「首里城が燃え尽きてしまい、各企業が再建のために多額の寄付をするといった記事が新聞に掲載されている。別に多額の寄付ではなくとも各個々人が少額でいいから、みんなで作り上げることが重要。守礼の門は心だから。守礼の邦《くに》にふさわしい、みんなで心を込めて作り上げることをもっと強調していかなくてはならない」

一六世紀、尚清王《しょうせいおう》が建立した首里の「守礼の門」は、沖縄の精神文化の象徴である。無言のうちに礼を守ること、つまるところ〝日常生活を整える〟ことを大事にしている文化風土は、守礼の邦・琉球でこそだ。

我喜屋が北海道から沖縄に戻ってきた一三年前は、失われた沖縄がいくつもあった。物を粗末にする、お年寄りを邪険にする、自然を大切にしない、そんな光景に見るものすべてを疑った。

「もう一度、〝守礼の邦〟を見直して、人を大事にする、年寄りを敬う、人間の心を理解するといった原点に立ち戻る」

この一〇年の間で、政治や経済、教育、福祉も、結局は自分たちでなんとかしようとする自助努力がないと立ち行かないことがよくわかったはずだ。

かつて二〇一七年五月、我喜屋は沖縄日本復帰四五年での高校野球のあり方についてマスコミからインタビューを受け、その中での発言が県内で物議を醸した。

「ああ、あれね。蒸し返すとまた面倒になる。オフレコとして言うけれど」という前置きをしながら、いろいろと話してくれた。スポーツ、教育を通じて平和的な世の中を作っていきたい思いを終始一貫して話していたところ、真意が伝わらず我喜屋は苦い経験をした。「文字で真意を伝える難しさ、やはり対話が重要だとしみじみ感じたね」。マスコミは著名人の発言の真意も読み取らず、ただ言葉だけを切り取って書いた記事で過去どれだけの人たちを巻き込み迷惑をかけたことだろうか。メディアだからといって、何をやっても許されるわけではない。

他都道府県と違い、市井の人にも経済と政治の密接な繋がりがはっきりと示され、さ

夏の甲子園決勝、東海大相模に13対1で圧勝し、史上6校目の春夏連覇を達成し、
マウンド上で喜びを爆発させる選手たち

らに政治意識が高い沖縄。前述したが、二〇一四年の沖縄県知事選の候補者に我喜屋の名が挙がったこともあった。

「ああ、あれもね。勝手に周りからそんな声が上がったね。あまりにも周りがうるさいから本当にやってやろうかと思った」と言う。爆弾発言かと思いきや「今のは冗談だから」とすぐ訂正が入った。

「興南を変えるために沖縄に来たけど、興南を変えることで沖縄の高校野球を変え、ひいては沖縄を変えなきゃダメなんだ」

我喜屋の思いは、ただこの一点のみだ。

〝沖縄を変える〟

「ゴルフでは右とか左に寄るけど、思想において右とか左とか関係なく、僕は興南高校野球部時代から守りはセンターだったから真ん中だよ」

特別対談

我喜屋優監督×島袋洋奨

本書の刊行を記念して、名将の誉れ高い興南高校我喜屋優監督と、かつての春夏連覇のエースで現在興南高校職員の島袋洋奨氏のスペシャル対談を行った。一〇年の時を経て、今まで語られなかった事実がドンドン明らかにされていった。

我喜屋　島袋たちが入った年は、僕が興南の監督になって二年目の年で、思い切って一年生を起用した。この世代は飲み込みが早いと感じた。一年生の夏といえば、準決勝で沖縄尚学と対戦したんだっけ？

島袋　はい。東浜さん（現ソフトバンク）がいた沖縄尚学です。

我喜屋　センバツ優勝校の沖尚だったね。6回に一塁牽制でボークを取られてリズムが狂って、レフト前にポテンヒットで同点、8回に決勝点を取られて負けた。決して投げ負けていたわけではなかった。その年の秋の九州大会では一年生を五、六名スタメンで使った。島袋、国吉、慶田城、山川、眞榮平だったかな。とにかく、野球だけじゃなく、人間力をつけさせる基礎作りをして早く大人にさせたかった思いがある。

島袋　一年生夏の準決勝の沖縄尚学戦で負けはしましたが、この試合でやっていける自信がつきました。高校入学前に、沖縄尚学がセンバツ甲子園優勝したのをテレビで観ていましたから余計に思いました。

我喜屋　大会前から「沖尚はすげー」、「東浜はやっぱりすげー」なんて言っているうちは勝てない。練習内容だってうちの方がいいはずなんだから。相手を研究してこっちだって対策を立てて練習して、乗り越えていくのが勝負。この頃は、チームとしてまだ機能していなかった。

――我喜屋監督は、島袋投手についてどのような指導をしたんですか？

我喜屋　野球のことでは、あれこれ言わなかったし、怒らなかった。

島袋　確かに技術的なことはほとんど言われませんでした。ただ、プライベートでも野球でも叱られてました。

我喜屋　〝怒る〟と〝叱る〟は違うから。たまには、沖縄から北方領土に聞こえるくらいに怒ったこともあるさ。僕自身が何も教えられてない状態で社会人に行ったので、初めて教えられた時は何だかよくわからなかった。次からは冷静になって理解できたけど。人ってフォームにしても部分的に直されると、逆に全体が狂っていく傾向がある。トップからフィニッシュまで教えてくれて「難しく考えるな」と言った先輩がいて、わかりやすかった。ゴルフでもテニスでも何でもそう。トップからフィニッシュまできちんと教えないといけないと思っている。

島袋　トレーニングメニュー以外では、自由にやらせてもらいました。

我喜屋　島袋が入学してきた時は、こりゃ凄いと思ったわけではない。だってノンプロを経験している僕からしたら、高校の練習を見てもこの程度かと思ったくらい。ましてや、ノンプロ時代に同じチームにいたプロで、ノーヒットノーランをやり、141勝を挙げた加藤初（元巨人、故人）や二桁勝利五回の安田（猛、元ヤクルト）を見てきているからね。ただ、頑丈で馬力とバネがあり、身長はそんなに高くないけど、あのフォームから投げおろす角度は180センチのピッチャーが投げるのと遜色ないと感じた。

島袋　他のピッチャーに負けまいと練習しましたが、高校の練習はきつかったですね。中学は学校の軟式野球部で普通にやっていただけでしたので、余計にしんどかったです。グラウンド全体を使ってのサーキットメニューがきつくて、一年生の間はついていくのが精一杯でした。雨の日にはカッパを着て練習してました。カッパを着て練習するから流れる汗が尋常じゃないんです。普通、高校生くらいだと練習が休みになる雨は嬉しいものなのに、興南は雨でもカッパを着て練習なので、むしろ雨降ってくれるなって感じでした。

我喜屋　カッパ着て練習すると、一気に3、4キロ体重が落ちる時もあるからな。

――他の部員たちが言っていたのですが、夏の甲子園準決勝報徳学園戦で、3回表0対5のビハインドでの攻撃時に我喜屋監督のあまりの高速サインに面食らったと。

我喜屋　準決勝の報徳戦の時だけじゃなく、サインを出すのはいつも速いよ。高速サインを出してあいつら頷くんだけど、全然違うことするから（笑）。

島袋　ハハハハッ。

我喜屋　あれは、春のセンバツだったっけ？　あっち痛いこっち痛いって言ったのは？

島袋　（照れ臭そうに笑いながら）そうです。沖縄から甲子園に行く出発の日に、肩が上がらなくなっちゃったんです。

我喜屋　甲子園に着いて「肩が痛い」って言うもんだから、こっちは「何!?」だよ。マスコミに故障ってわかるとまずいから、甲子園練習ではジャンパーを着させてベンチに座らせた。

島袋　風邪を引いているってことで（笑）。

我喜屋　強く言ったのは「インフルエンザとだけは絶対に言うなよ」って。あれから嘘が上手くなったんだから。それで、練習せずに知り合いの野球関係者に医者を紹介してもらい、診《み》てもらった。致命傷ではないと言われてホッとした。

島袋　肩関節の中にある関節液が少なくなって動きが悪くなっているだけだからと言われて、関節液の主成分であるヒアルロン酸を打つと、その日からキャッチボールができましたね。

我喜屋　それで、極秘に球場を借りて投げられるかどうか試した。スピードはなかったけど、キレとコントロールがあったんで、これだったらいけると。でも、試合が始まったらいつどうなるかわからないから、控えの砂川（大樹《だいき》）、ひとつ下の川満《かわみつ》（昂弥《たかや》）を初回からずっとブルペンで投げさせた。あいつらも1試合分投げているから。ピンチになってブルペンを見ても、あいつら目を合わせないんだよな（笑）。大舞台での経験がないから気持ちで逃げているように見えた。

——島袋投手の何が一番凄かったですか？

我喜屋　ピッチャーというのは常に冷静でなくてはならず、その場その場の変化に対応することが重要。そのためには練習からイメージをしてなくてはならない。いわゆる危機管理ができている。島袋はゲーム中でもギアの入れ替えができて、ここぞという時にはインコースへズバッと行く。満塁でもインコースで三振をとれるイメージがあった。キャッチャーの山川が強気だったのかアホだったのかわかんないけど、困った時にはインコースのピッチングだったよな？

島袋　はい。そこは強気で行きました。

我喜屋　あと変則フォームだから腰の捻りや下半身の疲れをカバーするために階段登りを人一倍やっていた。あれは一番キツい。とにかく、努力は嘘つかないよというタイプ。

島袋　連戦連投に耐えうるスタミナ強化を念頭に練習をやってました。新チームになって、まずセンバツに出て甲子園一勝が目標でした。

我喜屋　センバツに出場するためには秋の県大会で勝って、九州大会でも勝たなくてはいけない。九州大会では準決勝で負けて、嘉手納高校が九州大会で優勝して神宮大会に出場し、嘉手納高校に注目が集まった。マスコミも嘉手納飛行場による騒音の中で練習する嘉手納高校に興味を示したことで、うちは静かに練習ができた。その間に九州大会での敗因を分析して練習し、うまく春のセンバツ甲子園に繋げられた。

島袋　確かに、春のセンバツ前までうちは注目されてませんでしたから。

――春と夏の違いって何ですか？

島袋　春に勝って、次の夏（の甲子園）に出る難しさですね。センバツで優勝したからといって順風満帆に来たわけではなかったので、夏に勝ち続けるのは本当に大変でした。

我喜屋　春の優勝チームがよく夏に負けるように、うちのチームも同じ道を歩むな〜っていうのが正直あった。花満開状態で沖縄に帰ってきて、基本的な生活習慣に戻すのは難しい。本人たちもどこか満足気であり、高校生だから写真写りがいいように眉毛を整えたりしてね。

それと、メンバーとメンバー外がギクシャクしていることに気付いた。興南に就任した当初から、キャプテンは大変だなと思っていた。社会人は違うけど、監督が言ったことをやらせるのが高校野球のキャプテンでしょ。きつい練習になればなるほど、選手たちからはブーブー文句が出る。「監督がいねえんだからちょっと手を抜こうや」という三年生が必ず出てくる。我如古はキャプテンとしてうまく開き直ってやったのかもしれない。目に見えてチームを乱す者がいたら、たとえ真夜中の寮でも呼び出すけど、目に見えないところでのギクシャクはどうにもならない。

島袋　僕らの場合は、キャプテンの我如古がメンバー外もちゃんとケアしてチームをまとめてくれたので大事にはいたらなかったです。

我喜屋　寮ではとかく目を光らせた。携帯なんかも就任した当初、就寝後に寮の見回りで部屋を開けると、なんか青白く光って手を合わせているのが見えて「なんだ？　こいつ拝んでいるのか？」と思ったんだから（笑）。それで、これはいけない、真夜中に彼女にメールを打ったりしてしっかり寝てないぞと思い、携帯を就寝前に没収した。でも、しばらくして集めた携帯を見ると、なんかオモチャみたいな携帯がいくつも混じっているのに気づいた。おかしいなと思って電源を入れて電話をかけてみると鳴らない。すぐ呼び出して「おい、本物の携帯を出せ」と。こんな知恵を使うのなら野球に使えって。

島袋　はははははっ。

——色々な思い出話を聞かせていただきましたが、最後にお二人の今後の目標をお聞かせください。

我喜屋　今まで通り、野球を通じて社会に通用する人間を教育していくのはもちろん、これからはできないことを云々ではなく、やるためには何ができるのかを考えていかなくてはならない。多方面で大きく変わっていくし、変わらなくてはいけない。

島袋　母校である興南高校で甲子園を目指せたらと思いますが、まずは僕が我喜屋監督に教わった「野球を通して人生をいかに生きるか」という意味をしっかり考え、行動に移すことです。高校野球、大学、プロで経験し学んできた上で、子どもたちに何か人生の指針となるものを与えていければと思います。

二〇二〇年五月末　興南高校にて

少し長めのあとがき

真新しいことばかりが面白いわけでは決してない。目に見えるものには興味が注がれ、感動も湧きやすい。でも今まで見ようともしなかったものにこそ、実は大きな気づきがあるものだ。

ここでは、興南高校野球部でベンチメンバーに入れなかった選手たちを中心としたエピソードを綴《つづ》っていく。別に陳腐な青春ドラマを見せたいわけではなく、彼らの今まで誰にも言えなかった心の内を知って欲しいという思いだけである。

タイトルの『まかちょーけ』は、〝まかしとけ〟をウチナーグチ（沖縄の方言）で表したものである。実際に興南高校野球部員が合言葉のように使っていたわけではないが、掛け声として相手に信頼と安心を与える意味があり、どこか絆を示唆している言葉だと感じ、タイトルにつけた。でも、それだけではない。取材を通じて選手たちの心の奥底に〝叫び〟のようなものが絶えず蠢いていることを感じ取ったことで、タイトルもいろいろと思案した。そうした中で、選手たちが己の中に潜む得体の知れないものに負けまいと鼓舞して頑張っていたという意味も含めて決定した。もちろん、この『まかちょーけ』にベンチに入れなかったメンバーの本当の思いが強く込められているのは言うまでもない。

興南高校野球部員には、甲子園でベンチ入りしたメンバーとそれ以外という住み分けがある。甲子園ベンチ入りした18人を〝メンバー〟と呼び、それ以外を〝メンバー外〟としている。これは、興南だけの特別な言い方ではなく、大概の高校球児たちもメンバー、メンバー外と区分している。

一般に「メンバー」という呼称は、アイドルグループの一員というイメージがある。だが、高校球児にとってのメンバー入りは、浮ついた芸能の世界と違って、その後の人生をも決めかねないターニングポイントなのだ。

甲子園常連校で背番号を貰《もら》ったメンバーには大学、社会人への推薦話が山ほど来るけれども、メンバー外は野球での推薦の道はほとんど断たれてしまう。それほどメンバーとメンバー外の間にはとてつもない高い壁があるのだ。これはスポーツをやる者の宿命でもある。

強豪校であるがゆえに、待遇等の格差を目の当《ま》たりにしながら三年間野球を続けたメンバー外の選手たち。普通の高校生では絶対に味わわない屈辱に一〇代で直面したにもかかわらず、逃げることなく野球を続けた彼らの強さはどうやって生まれたのか、どうしても知りたかった。

春夏連覇した二〇一〇年度卒業生の興南野球部員は四五名いる。大半が沖縄県内出身者で、そのうち離島出身者が、久米島《くめじま》出身の日高洋次郎、宮古島出身の友利魁志《ともりかいし》、砂川太亮《もとあき》の三名。県外出身者は、大阪府出身の射矢翔太《いるやしょうた》、東京都出身の古堅盛平《ふるげんもりへい》、千葉伊織《いおり》の三名だけである。

春夏連覇時に甲子園の記録員としてベンチ入りした大阪出身の射矢翔太が、メンバーから外れた思いを訥々《とつとつ》と語ってくれた。

「大阪出身の自分が、反対する父親をなんとか説得してわざわざ沖縄まで越境入学している以上、甲子園で活躍することが親孝行だと思って頑張ってました。甲子園に出て晴れ姿を親に見せることによって、興南に進学した判断が正しかったと証明したかったんですが……」

四番眞榮平の控えとも言うべき身長186センチの大砲・比嘉渉は、高校二年秋の県大会、九州大会までベンチ入りし、センバツ直前まで調子も良かった。だがいざ蓋をあけると、甲子園メンバーに選ばれなかった。

「センバツ直前で外野からファーストにコンバートされ、ファーストを守りながら調子を落としてしまいました。それでもベンチには入れるだろうと思っていました。雑誌『報知高校野球』でセンバツのベンチ入り予想のページがあって、県大会では背番号20

だったんですけど雑誌では背番号15と予想され、めっちゃ喜びました。でもいざ発表を聞くとメンバーには入れず、さすがにその時は落ち込みました。親には『入れなかった』とだけ伝え、親も気を遣って『そうだったんだ……』と一言でした。かつての小学校の野球チームの関係者から御祝儀や寄せ書きを貰ったりした中でのメンバー漏れだったんで、一週間くらい悔しくてたまらなかったです」

比嘉はセンバツ甲子園メンバー入りできなかった悔しさを素直に吐露してくれた。

「それでも、他の高校に行かず興南でよかったです。ただ、もしレギュラーだったらどんな人生だったんだろうとは思います」

甲子園でプレーする自分をどこか想像しながら言っているのが、なんとなく感じられる一言だった。

中学時代、ヤングリーグで大城卓三（現巨人）とバッテリーを組んでいたピッチャー與儀喜貴《よぎよしき》は、質問した際、一瞬だけ間が空いたものの、すぐに威風堂々とした様子で答える。

「正直、メンバーから外れた時は恥ずかしさがあり、親に合わす顔がないと思いました。夏の大会は新聞紙上で出場校の全メンバーが掲載されるので親は知っているはずなのに、気を遣って何も言われなかったこともきつかったです。今だから言えることですが、メンバーに入らなくてよかったと思っています。あの時の失敗経験があるからこそ今があると思ってますので」

与儀は大学卒業後、警察官を経て楽天に転職し、現在沖縄でナンバーワンの営業成績を誇っている。

島尻龍一

メンバーに入りたいという思いは、全国の高校球児全員が同じだ。慶應高校でピッチャーをやっていた黒住《くろずみ》駿《しゅん》（現NHKアナウンサー）は神妙な面持ちで語ってくれた。

「秋は背番号1だったんですが、二年生や一年生の白村《はくむら》（明弘《あきひろ》、現日本ハム）の台頭もあって最後の夏は背番号18でなんとかメンバーに入った感じです。正直神奈川県大会の準々決勝まで勝ち進んでいくと、もし甲子園に行けたとしても、県大会での二〇人の登録メンバーから二人が外されて一八人になるため、自分が外されるのではと頭をよぎりました。あくまでも当時の話ですが、地元の新聞社が夏の大会全出場校のベンチ入りメンバーを掲載する際、なぜか部内での正式のメンバー発表前に新聞掲載用メンバーリストが僕らの目に触れてしまうことがあるんです。新聞掲載から数日の間は登録変更可能のため、あえてダミー用のメンバーを掲載する場合もあって、僕からしたら実際はメンバーに入ってないかもしれないと思い、恐怖に慄《おのの》いてました。それでも僕はまだ新聞でメンバーに入っていたからいいようなものの、新聞掲載用のメンバーリストを見て、外された人間のショック度は言葉では言い表せないものだったと思います」

文武両道の名門慶應高校だからといって特別ではなく、当落線上の選手の思いは時に複雑に縺《もつ》れ、がんじがらめになっていく。

ほとんどの地方大会では登録メンバーが二〇名、甲子園出場校の登録メンバー一八名、つまり甲子園出場が決定すると二名を削ることになる。黙っていても夏の大会で引退する三年生は、一日でも長く野球をしたい思いで夏に賭ける。その最後の夏の大会に出場するメンバー発表で、天国と地獄の境界線を引かれる。どの監督に聞いても最後の夏の大会は三年生を全員入れたい、苦渋の決断を強いられると答える。それが、甲子園出場が決まると、さらに二人を地獄へと落とさなければならない。

二〇一〇年夏の沖縄県大会ではメンバーに入り、甲子園メンバーで外れてしまったのが、島尻龍一と長嶺伶哉の二人。島尻に当時の心境を聞いてみた。

「六、七人で外野の控えの2枠を争っていて、一年生、二年生の期待のホープが入ることが多いので実質1枠を争う状況でした。背番号18、19、20のどれかを狙うって感じでした」

背番号19で県大会のメンバーに選ばれた島尻は、甲子園メンバーでは無情にも落とされた。甲子園メンバー発表の日のことを尋ねると、ほんの数秒だが一瞬目線を外した。

仕切り直すかのように言葉少なめに、ゆっくりと口を開く。

「春の大会からずっとベンチに入っていたので……。自分ひとりならいいんですけど、期待している家族に言うのが辛かったです。みんな応援してくれているだけに……、親には『選ばれなかったから』とだけ伝えたことを覚えています」

一〇年経っても、あの日の出来事は消え去らない。通常ならセピア色の懐かしい思い出になるはずが、いまだ記憶の箱に封印するかのように押し込めている。

レフト七番の伊禮伸也がメンバー発表の日を振り返る。

「（島袋）洋奨と龍一とは帰る方向が同じだったのでいつも一緒に帰ってました。センバツで優勝して奇跡的に休みの日が一日だけあった時でも、一緒に北谷に遊びに行くほどの仲でした。夏の甲子園メンバー発表が終わってから、メンバーから外れた龍一にすぐには声をかけられなかったです。その日も『龍一、帰ろうぜ』って誘っても『ちょっと用事があるから』と言われ、その翌日は一緒に帰ろうと龍一を探してもいないんです。しばらくは、俺と洋奨と一緒に帰るのを避けていました。複雑な思いになったのを覚えています」

大の仲良しの二人がエースとレギュラーで、自分だけがメンバーに入れなかった。島尻にとってどれほど惨めで悔しかっただろうか。一緒に帰るのが日課だったのに、しばらくはひとりで自転車を漕《こ》いでいた島尻の気持ちは、同じ経験をした者以外絶対にわからない……。

　甲子園のメンバー発表があった日の寮は、いつにない静けさが充満していた。いつもだったらガヤガヤと雑音が響き、騒々しい空間なのにこの日に限ってはシーンとしている。ライトで五番の銘苅は、膝の怪我によってメンバー外にいた時期も長かったため、メンバー発表後も複雑な感情が混ざっていた。

「メンバー発表後は、寮内でも僕を含めて他のメンバーたちも気を遣って静かにしようという雰囲気を作ってました。メンバーに入れても試合に出られない人もきついと思います。〝なんでおまえがメンバーに入ってんだ!?〟と思われる対象になりますから。それもひっくるめて高校野球なんです」

　メンバー外となった選手たちは事実上の引退だ。もう二度とグラウンドに立つ機会がない。メンバーに入った選手もこの日だけはメンバー外の選手の気持ちを慮って目立たないようにした。

　控えのキャッチャーの名嘉真武人がゆっくりと思い出すように言った。

「発表の日の夜、寮の中はどうしても静かになります。自分はメンバーに入って喜びたい思いもあるんですけど、メンバー外のことを考えるとその日だけはどうしても……。飯を食べてから就寝までの自由時間のとき何気なく外を見ると、素振りをしている奴がいるんです。また我如古か眞榮平かなと思ったら、メンバー外の奴なんです。なんともいえない気持ちになりました。しばらく見ていたんですが、逆に自分もやらなきゃって奮い起ちました」

もう二度とグラウンドでプレーすることができないのに、それでもバットを黙々と振る。一体どんな気持ちでバットを振っていたのだろうか。本人にしか気持ちはわからないと言うのは簡単だ。大事なのは、素振りしている彼に対し具現化できなくとも何かを思い、行動すること。名嘉真はその彼の姿を見て心を揺り動かされた。黙々と素振りをする彼の姿を見て何かを感じ取ろうとする心が人を成長させる。甲子園に出る偉業の裏には、一人ひとりの人間の決して表に出せない思いが絡み合っていることを忘れてはいけない。

福元信太《ふくもとしんた》

強豪校の野球部のみならず球技系部活動では、上下関係抜きで熾烈《しれつ》な競争が待ち受けている。レギュラークラスであればきちんと練習時間が確保される。一方でヘタクソな選手は短時間での練習を強いられ、ランニング、筋トレ、素振り、雑務、ただの声出し、だいたいこの中のどれかをこなす時間が多くなる。上手い選手はより上手くなり、下手な選手はより使い物にならなくなるという二極化が進む。

「同期は四五名いますが、現役時代はお山の大将ばかりで、みんな〝俺が俺が〟で今ほど仲良くなかったですよ」

朗らかな笑顔で話す福元信太は、見るからに人の良さそうな雰囲気を醸し出している。我如古がチームのキャプテンであるならば、メンバーとメンバー外との調整役を担っていたのが福元である。ピッチャーとしてメンバーに入れなかった福元は、チームのために遠征と春夏の甲子園ともに打撃練習のためのバッティングピッチャーを務めていた。

興南の野球部には寮が完備されており、遠方の部員が優先して入寮できることになっている。近隣に家がある部員は当然通いである。

寮生たちは寮を〝牢《ろう》〟と呼び、まさに牢獄のような寮生活を三年の夏の引退まで過ごす。基本外出禁止の寮生活において二週間に一度、外出を許される日がある。第二、第四の日曜日の練習が終わってから二一時までは外出可能となる。親と一緒に食事をしてもらい、親の有り難さを知らせるという意図もあるが、基本自由だ。

「一年生の頃は、親と会うよりも思春期の欲求のほうが超えていましたね。どんな欲求かは想像に任せます。さすがに書かれると困るので詳しいことは言いませんけど(笑)。たまに練習試合が長引いて一九時に終わって『三〇分で行けるだろ』と監督は言うんですけど、一年生だから風呂も最後になり、なんやかんやしていると二〇時を過ぎるので、近くのラーメン屋で食べて終わりっていう日もありました。さすがに三年生になると余裕ができて、弁当を買ってきて寮でゆっくり映画とか見ている奴もいましたよ」

福元はニンマリしながら話をしてくれた。高校生のエネルギーは凄まじいものだ。常に活火山のマグマのようにエネルギーが体内で動き回っている。それを無理に封じ込めてしまうと、どこかで爆発する。青春とはある意味爆発するものだ。我喜屋監督もその辺りを十分理解しているからこそ、外出可能日を設けてあるのだ。

「甲子園で優勝した瞬間は、何もかも忘れてメチャクチャ嬉しかったです。ただ優勝してしばらく経つとメンバー外はちょっと複雑な感じがありましたね。今でも『興南です』と言うと『どの時代？』って聞かれ、『島袋の世代です』と答えると『おお凄い、背番号は？』、『つけてません』というやりとりが結構あります。もう慣れましたけど。

春に優勝して夏に甲子園に出場すると、現地のちびっこから写真を撮らせてって言われて、胸のロゴ部分だけ撮られる経験とかもありました。優勝した瞬間でも、マスコミが撮りたいのはメンバーであって俺たちじゃないなとわかりますし、県内でも例えば島袋と一緒にいて『写真いいですか？』って言われたら自然と『じゃあ、僕が撮ります』ってなりますから」

いつの時代もスポットライトを浴びるのはレギュラーメンバーと決まっている。それは理解できる。だからといってメンバー外だって興南野球部のプライドがある。同じ野球部なのに、なぜこうも扱いが違うのか……、頭では理解していても心は正直だ。自分の立ち位置をいくら確認しても、どうしても切なさを感じてしまうことだってある。だからといって自分の誇りだけは絶対に失わない。自分を偽らず、まっすぐ前を向き、人の痛みを感じられる人間へと成長していくのだ。

安慶名舜

「みんな同じだと思いますが、自分と同じポジションの奴を嫌いだったはずです。メンバーに入るため毎日必死でしたから」

福元は真顔で言った。強豪校であるがゆえにレギュラー争いは熾烈だ。互いにライバルであり、相手を蹴落とすくらいの思いがないとレギュラー奪取とはならない。

安慶名舜もまた高校時代を不完全燃焼で終わったうちのひとりだが、他と違うのは今もフィールドに立って闘い続けていることだ。進学した法政大学で主将を務め、現在は唯一県外の社会人Ｈｏｎｄａ鈴鹿で現役バリバリのプレーヤー。エリート街道まっしぐらに見える安慶名だが、興南ではレギュラーではなく控え選手だった。

高校一年秋から外野のスタメンを張っていた。そして、センバツをかけた高校二年秋の九州大会準々決勝長崎商業戦で死球を受け右足小指の骨折により戦線離脱し、そのまま伊禮伸也にポジションを取られてしまった。怒られキャラとしてチーム内で抜群の存在感を示していた伊禮は関東学院大学に進学し、副主将として四年時に神奈川大学リーグで首位打者を獲得、その後名門日立でもプレーしていた。そんな伊禮は関東学院に行く際も「東京に行くことはワクワクしかなかった。ホームシックにかかったことはありません」と図太いメンタルの持ち主でどこでも誰とでも馴染める性格。伊禮がレギュラーに入ることで欠けていたピースがはまった。安慶名は春夏の甲子園ともに控えとしてメンバーに入ることになった。

「レギュラーに負けていると思ったことはありません。正直、春夏連覇したからといって純粋に喜べませんでした」

言葉を濁さず、真っ直ぐに言う。相当な負けん気を見せる安慶名。

「進学後は六大学か東都のどちらかでレギュラーを取って、我喜屋監督を見返したいという思いがありました。それがあって今も野球を続けているのかもしれません」

言葉は少なめだが、一言一言嚙《か》みしめるように冷静に話す。

安慶名は指定校推薦で法政に進学し、法政OBの興南真栄田部長の口利きでなんとか野球部に入れてもらった。プロ野球選手を多く輩出している法政は、スポーツ推薦組と一般入試組とで寮がそれぞれ分かれている。スポーツ推薦組の寮はグラウンドのすぐ近くにあり、恵まれた環境下でチャンスも格段に多く与えられる。いわば一軍という位置付けだ。

「僕が法政野球部に入部するにあたって当時の金光《かねみつ》監督から『学生コーチはどうだ？』って打診されたんです。どうしても選手としてやりたいって押し切っていなかったら、今の僕はありません。東京に出ている興南野球部同期で集まる定期的な飲み会も、僕は距離を置いてあまり参加しませんでした。参加してしまうとどうしても甘えが出るし、野球に没頭したかったという気持ちもありました。僕らの代の法政は、スポーツ推薦組が一五人、一般組が一五人で、一般組の寮からベンチ入りできるのは各学年で一人くらい。三年秋でレギュラーを獲得し、四年で主将に就任した際に寮を移動しました」

安慶名は自分を厳しく律して野球に没頭し、法政でレギュラーを取った。史上初のスポーツ推薦以外で法政野球部主将に任命されたのも頷ける。

大屋元《おおやもと》は真剣な眼差しで言う。

「安慶名は、俺たちメンバー外の代表でもあり、あそこまで上り詰めていったことを心から嬉しく思っています。本当に優しい奴で、甲子園で『一緒に甲子園のグラウンドに立ちたいから帽子貸せよ』と僕の帽子を被ってくれました。細かいところまで気遣いができる男です」

日高洋次郎も思いのほか熱を込めて語り始める。

「今でも覚えていることなんですが、中学から実績のある奴は高校入学してすぐに練習試合でどんどん使われていくんです。それを見て安慶名が『今メンバーに入れなくても三年間のうち、もしくはその次のステージで開花するかもしれないから、俺はその時のために頑張る』って言うんです。中学卒業したばかりで、よくそんな考えができるなぁと感心しました。一五歳ですでに自分の世界観を持っている感じでした」

決して恵まれた環境ではなく、逆境から生き抜いてきた安慶名の視線の先に映るものが一体何なのか尋ねたかったが、今はまだいい。彼ならそう遠くない未来に答えを出してくれる気がした。

伊敷力斗《いしきりきと》

ピッチャーの伊敷力斗は181センチ、95キロのチーム一の巨漢で興南入学当初から他を圧倒していた。中学時代、北から青森山田、千葉経済、PL学園、大阪桐蔭、長崎日大、熊本工業と全国の強豪校からスカウトが殺到し、いわばドラフト1位の逸材だった。期待の星ということで、当たり前のようにチャンスは存分に与えられた。

「同期の奴らから『小川さん』と呼ばれるくらい、小川直也に似ているって言われます(笑)。二年の夏前にイップスになってしまい、そこで本格派から技巧派に転向しました。ブルペンでは誰にも負けない球を投げられるのですが、マウンドに行くと……。すべては精神力の弱さです」

我喜屋監督から多大な期待を受けていた伊敷を見て、同期たちは〝監督のお気に入り〟と冗談半分で揶揄していた。

「〝お気に入り〟と思われているのが嫌でした。高校三年夏前の、ホテルでの父兄を集めての懇親会で挨拶することになったんですが、そこで『〝お気に入り〟と言われている自分が嫌で堪らなく、夏は実力で背番号を取りたいと思います』と言ったんです。会場の空気が変になり、同期からは『あの場面で言うことじゃねえだろ』って引かれた感じで言われました。バカと思われるかもしれませんが、きちんと自分にけじめをつけられたので後悔はありません」

人にはそれぞれのけじめのつけ方がある。他の高校では絶対にエースになれたと同期に言われ続け、中日のスカウトリストにも上がったほどの伊敷だったが、結局一度も全国でその実力を披露できずに静かに野球人生を終えた。

うるさいほどメンバー外、メンバー外という単語が飛び交うため、どれだけメンバー外に肩入れしているんだと思われるかもしれない。そう、確かに肩入れしている。レギュラーはほっといても誰かが注目してくれる。でも、メンバー外に対してはどうだ。正直気にも留めないだろう。商業主義だか拝金主義だか知らないが、最先端なもの、目立つものしか興味がない輩《やから》が多すぎる中、まっとうなものを見定めて真摯に目を向けてくれる大人もいる。

サガミホールディングス株式会社代表取締役社長、水沢洋。神奈川県横須賀市生まれで、小中高と野球部、大学では準硬式野球部と生粋の野球人であり、二〇一〇年興南野球部員の兄貴分的な存在だ。

「もともとは、父親の影響から沖縄に関心を持ちました」

水沢の父清行は、戦後横田基地でオサムシの研究者として働いていた。ベトナム戦争最中の一九六〇年代、沖縄の米軍基地からの依頼で蚊の研究のため沖縄に常駐していた。マラリアの解析のため沖縄北部、辺戸《へど》岬から辺野古といったヤンバルの隅々まで行って蚊を採取して分析し、日が暮れれば民家を探して一泊させてもらっていた。沖縄戦の匂いがはっきりと残る中でヤマトンチュである自分を快く泊めてくれることで、清行は沖縄の人の優しさに触れた。そして、行く先々で生々しい沖縄戦のことを聞かされ、清行の心の中には〝沖縄〟が特別なモノとして深く刻まれていった。

やがて神奈川に戻った清行は研究者として愚直に自らの分野を追い求めた。その間もずっと沖縄のことを気にかけ、とりわけ野球に興味がないのに高校野球の沖縄県代表だけは熱心に応援し続けてきたのだ。

「父は一昨年に八〇歳で亡くなりましたが、最後まで沖縄のことを気にかけてました。甲子園で興南が優勝したのを本当に喜んでいて、録画したＤＶＤを何度も何度も観ていました。縁あって五年前に春夏連覇の野球部員と知り合うことになり、それ以来付き合っています。彼らを見て感じるのは、いい意味で自分を勘違いすることって必要で、勘違いした自分から新たなパワーが生まれてくるんですよね。控えだった彼らも、三年間の練習を耐えてきたことで揺るぎない自信を持ち、前向きです。いろいろな意味でやっぱり強いし、根性が違います。だからこそ、彼らの物語をなんらかの形にして残せれば……」

一回り以上も離れている春夏連覇野球部員たちを心からナイスガイと思える水沢は、本業以外にもリフォーム、飲食、電気販売など幅広く手掛け、カンボジアにも会社を設立し、積極的にボランティア活動も行っている。彼のような色眼鏡で見ない大人がどんどん増えていけば、高校野球界の景色がもっと様変わりするだろうに……。

饒平名《よへなりようすけ》亮佑

野球部員全員がメンバー入りを目指して練習に励んでいるものの、中にはどうやってもベンチに入れないとわかっている部員だっている。それでもメンバー発表後、親に伝えなければならない。それはどういう意味をもつのか。その思いは、そのメンバー外にしかわからない。

饒平名亮佑は辛気臭くならないように少し笑みを浮かべながら思いを語ってくれた。

「僕は超下手くそなんで、他の高校に行ってレギュラーになれないくらいなら、一番強い高校に行ってやろうと思って興南に行きました。覚悟して入りましたけど、やっぱりいろいろな意味できつかったですね。センバツ甲子園決勝が終わって僕ら応援団は夜中の便で帰ってきて、翌日那覇空港に降り立ったメンバーが凱旋帰国のように歓迎されている時、僕たちは体育館で優勝報告会の準備をしてました。この時が一番格差を感じました。もやもやしたけどぶつけるところがない。毎日辞めたいと思ってましたが、辞める理由が見つからなかった。辞めたいから辞めるのは理由じゃないですから。他の奴らも、中学から野球をやらせてもらい負担をかけている親に対して辞めたら示しがつかないとか、みんなが頑張ってやっているのに自分だけ辞められないという気持ちはあったと思います。とにかく高校を卒業してから一、二年間は腐ってました。僕は、切り替えるのに時間がかかったほうだと思います。ただのバカではあの三年間は生きていけない。みんなバカのフリをしていただけで、悲観的にならないように考えて過ごしていたと思います。正気を保つには、フザけるしかなかった。他のメンバー外もこの一〇年間でいろいろと整理できたんじゃないですか。大人になってからは他人に嫉妬することがなくなりましたね」

饒平名は最後まで笑みを絶やさず答えてくれた。

高校時代、いくら実力の世界とはいえ、格差を突きつけられて平然と受け止めるだけの成熟した心をまだ持ち合わせていない。悔しい、惨めな気持ちを押し殺すために饒平名はあえてフザけることで自我を保っていたという。それぞれの思いは時に尖《とが》り、それを隠すために自分を偽ってみせる……。

興南高校を卒業し、ほとんどが大学に進学した。大学卒業後、社会へ出て荒波に揉《も》まれながらも家庭を持った者、転職して頑張っている者、夢を追いかけている者、誰ひとりとして同じ生き方をしている者はいない。彼らにとって春夏連覇から一〇年後の今、人生の新たな目標ができ、振り返るにはちょうどいい頃だったのかもしれない。

福元が思い出したかのように嬉しそうに話し出した。

「甲子園では、強豪校のベンチ外と意外と仲良くなるんです。東海大相模との決勝が終わった後、それぞれバスが待機して、先にベンチ外のメンバーが道具とか運んでいると、相模の背番号のない奴らもいて何も面識もないけど『お疲れー!』って声をかけてくるんです。この〝お疲れ〟はお互いの三年間の思いが含まれ、同じ立場だから言えるんだと思いました。心の底から気持ちをわかってくれる奴らがいたってことが嬉しく、彼らとは一緒に写真を撮りました。今でも俺の宝物です」

メンバー外の高校球児たちのユニフォームの背中は、真っ白だ。最初の頃は背番号のないユニフォームを着るのに気恥ずかしさがあり、やがてその感覚は麻痺《まひ》し、己で線引きしていく。そして、チームの雰囲気を壊さないためにも腐らず、チームの縁の下の力持ちとなってモチベーションを維持し、少しでもチームの役に立てるように盛り立てていく。文字で書くのは簡単だが、多感な一八歳の少年が自分を押し殺して裏方になることはどれだけ辛く、難しいことか。

興南メンバーの中でも三年間一度も公式戦のベンチに入ったことがない選手は半数以上いる。遠征に連れて行ってもらえても、公式戦では完全に黒子に徹するしかない。

確かにレギュラーメンバーの血の滲むような努力には認めるものがある。言葉では決して言い表せないものと戦いながら結果を出し続けたのだから、素直に褒めてやりたい。その一方でメンバー外の選手も戦ってきた。思春期ゆえに揺れ動く感情や周囲からの目を耐え忍び、三年間野球部員をまっとうする根性は本当に見上げたものだ。通常、社会へ出て三〇代で経験し四〇代でなんとか咀嚼して整理できるようなことを、一七、一八歳で経験し、二〇代後半には自分なりにきちんと答えを出しているのだから、強靭な精神力が養われるのは当たり前である。

光がまばゆく輝けば輝くほど、影はより色濃くなる。幾度となく使われてきた表現だ。だけど、影がなければ光の強さはわからない。影の役割は主役を引き立たせるだけと言っているのではない。影はいつまでも影ではなく、太陽の当たり方によってはいつでも光にとって代わるのだ。

春夏連覇したから偉いんじゃない。この四五人がひとつにまとまったことが凄いのだ。メンバーとメンバー外。

現役時代、試合する上であからさまな境界線はあったが、どっちが偉くてどっちがダメだということではなかった。

卒業した今、高校時代と違って誰もがフラットな状態であり、皆が社会のメンバーである。大人になった彼らがそれぞれ違うゴールを目指して軌跡を描いている最中だけれども、一〇年前、全員が同じゴールを目指して戦った痕跡はもの凄い輝きを放ち、多くの人が羨んだ。真似したくても真似できない人生を歩み続けている四五名は、言うまでもなく逞《たくま》しい。だからこそ、自分の人生に嘘をつかないためにも全員が今を力一杯生きている。

あの夏はもう二度と訪れはしない。それでもまた、あの夏の暑さを感じられるその時まで、今はただやるべきことをやってのけるだけだ……。

コロナ禍の影響で心配していましたが、幸いにも二〇一〇年度卒業の興南高校野球部員四五名のうち数名を除いた全員からお話を聞かせていただくことができました。全員の話を掲載したかったのですが、構成上全員を掲載することができず誠に申し訳ありません。

最後に、多くの野球関係者、そして興南高校関係者に謝辞を述べるとともに、感謝の意を込めて、二〇一〇年度卒業の興南野球部四五名全員の名前を掲載します。

皆さま、いろいろとありがとうございました。

松永多佳倫

二〇二〇年六月

■興南高校　2010年世代　甲子園全戦績

2009年	春	0－2 延長10回	富山商	
	夏	3－4	明豊	
2010年	春	4－1	関西	
		7－2	智弁和歌山	
		5－0	帝京	
		10－0	大垣日大	準決勝
		10－5 延長12回	日大三	決勝
	夏	9－0	鳴門	
		8－2	明徳義塾	
		4－1	仙台育英	
		10－3	聖光学院	
		6－5	報徳学園	準決勝
		13－1	東海大相模	決勝

■2010年度卒業生　興南高校野球部員45名

安慶名舜
池村友行
伊佐謙吾
伊敷力斗
泉圭
射矢翔太
伊禮伸也
大城斉也
大城貴宏
大城智也
大城怜
大屋元
大湾圭人
我如古盛次
嘉陽歩惟
我喜屋宗満
国吉大将
国吉大陸
慶田城開
幸良倫
島尻龍一
島袋洋奨
新城貴進

新里開
砂川太亮
砂川大樹
千葉伊織
當眞嗣龍
友利魁志
仲栄真幸望
名嘉真武人
長嶺伶哉
野原翼
比嘉渉
日高洋次郎
福元信太
古堅盛平
眞榮平大輝
宮国弥也
宮里正人
銘苅圭介
山川大輔
山城啓輔
與儀喜貴
饒平名亮佑

五十音順

集英社文庫

まかちょーけ 興南《こうなん》 甲子園《こうしえん》春夏《はるなつ》連覇《れんぱ》のその後《ご》

2020年7月25日 第1刷

定価はカバーに表示してあります。

著 者 松永《まつなが》多《た》佳《か》倫《りん》

発行者 徳永 真

発行所 株式会社 集英社

東京都千代田区一ツ橋2-5-10 〒101-8050

電話 【編集部】03-3230-6095

【読者係】03-3230-6080

【販売部】03-3230-6393(書店専用)

印 刷 株式会社 廣済堂

製 本 株式会社 廣済堂

フォーマットデザイン アリヤマデザインストア　　マークデザイン 居山浩二

ISBN978-4-08-744141-3 C0195